INHALT

I. Die neue Hoffnung

Unser Zeitgeist im Aufbruch?

Standort Westeuropa oder Nordamerika. Sie sind irgendwo zu Hause und lesen Zeitung, verfolgen Kommentare im Fernsehen oder schauen sich im Umfeld des Arbeitsplatzes um, stöbern in Buchhandlungen oder Zeitschriftenläden. Leben wir nicht in einer schillernden, faszinierenden Zeit voller Widersprüche und Hoffnungen? Es liegt etwas in der Luft, das spüren wir. Hinter all dem Gräßlichen in den Nachrichten – den Morden, den Kriegen, den Demonstrationen, den Flugzeugabstürzen und den Umweltkatastrophen, verbunden mit entnervenden Politikerdiskussionen – schimmert doch immer mehr eine Hoffnung durch, die vorsichtigen Optimismus auslöst und über das Unangenehme und Gräßliche hinwegträgt. Es ist die herausfordernde Vision von einer neuen Welt, die zumindest grundsätzlich, also von Ausnahmen abgesehen, friedlich, waffenarm und angstfrei sein soll. Diese Vision wird nicht von irgendwelchen Spinnern und Utopisten vorgetragen, sondern von Realpolitikern, oft konservativen Staatsmännern, von ernstzunehmenden Wissenschaftlern und hochrangigen Religionsvertretern.

So verkündete der Präsident der Vereinigten Staaten nach der ersten Erfolgsrunde der Abrüstungsverhandlungen, daß eine *neue Ära der Menschheitsgeschichte* begonnen hat.

Der mächtigste Mann der Sowjetunion, Präsident und Erster Vorsitzender der KPDSU, Michail Gorbatschow, setzt sich in seinem Bestseller »Perestroika«, der Millionenauflagen erreicht hat, für ein *neues Zeitalter der Menschheit mit neuem Denken* ein. Die Partei billigte mit überwältigender Mehrheit seinen neuen Kurs, den er in den Kernsatz faßte: »*Wir werden einen grundlegend neuen*

Zustand unserer Gesellschaft erreichen, ein neues menschliches und demokratisches Bild des Sozialismus« (2. Juli 1988).

Europäische Staatschefs, gleich welchen politischen Lagers, sagen, wir stünden *»an der Schwelle eines neuen Zeitalters«*. Angestrebt wird eine »Magna Charta der Europäischen Sicherheit und Zusammenarbeit«, die beim KSZE-Treffen 1992 in Helsinki verabschiedet werden soll.

Der Hoffnungsträger der SPD in Deutschland, Oskar Lafontaine, entwirft seine politischen Ziele in seinem Buch »Die Gesellschaft der Zukunft« als *»reale Utopie einer neuen Welt«*.

Solche heute üblichen Politikerworte könnten schnell durch ähnliche Aussagen vieler europäischer und amerikanischer Führungskräfte in Technik und Wirtschaft ergänzt werden.

Nach Pfingsten, dem christlichen Fest der Ausgießung des Heiligen Geistes Gottes, fand 1988 in Hannover der vierte Kongreß »Geist und Natur« statt. Dort gaben sich eine Vielzahl bekannter Wissenschaftler, Philosophen, Kirchenmänner und Schriftsteller aus den USA und Europa ein fast einwöchiges Stelldichein. Es wurde viel über das *neue Zeitalter als Ausweg aus der Sinnkrise* und von *Demut vor der Natur* gesprochen. Zu den bekanntesten Rednern zählten Carl Friedrich von Weizsäcker, Kardinal König aus Wien und der wohl bekannteste Philosoph unserer Zeit, Karl R. Popper.

Das Oberhaupt der katholischen Kirche, Papst Johannes Paul II., hatte 1987 die höchsten Vertreter aller Religionen der Welt nach Assisi gebeten, um für den Weltfrieden zu beten. Dort wurden die gemeinsamen *Anliegen aller großen und kleinen Religionen der Welt für ein neues friedliches Zeitalter* dargelegt.

Der Dalai Lama, das Oberhaupt der tibetanischen Buddhisten, findet in Europa und Nordamerika großen Anklang mit seinen Vorträgen über die *buddhistische Geisteshaltung als Bestandteil einer neuen Weltordnung,* die die existentiellen Fragen unserer Zeit lösen könne. Für diese

Vorträge wurde er von der Evangelischen Theologischen Fakultät der Universität Tübingen ausgezeichnet.

Der populäre Wissenschaftler Fritjof Capra, der alle Vortragssäle zum Überlaufen bringt, fragt herausfordernd: »Haben wir noch die Wahl zwischen Buddha oder der Bombe?« Seine Antwort ist in seinem Bestseller »Das neue Denken« zu finden, der auch eine Millionenauflage erreicht hat. In ihm fügt Capra die *Bausteine für ein neues Weltbild ganzheitlichen Denkens für ein neues Zeitalter* zusammen.

Setzt hier nicht die Führungselite der Menschheit zu dem großen Entwicklungssprung an, der uns zur neuen, in sich harmonischen und angstfreien Welt führen soll, in der Menschen und Gesellschaften ihre guten Anlagen und Möglichkeiten in Frieden verwirklichen können? Das sollte doch das erstrebenswerteste Ziel für das Raumschiff Erde, für die Menschheit im Kosmos sein. Das führt doch zur Erfüllung eines Menschheitstraums, heraus aus dem Trauma des friedlosen Gegeneinanders hin zu einer befriedeten Erde.

Was mich prägte und wo ich heute stehe

Ehe ich ein Fragezeichen hinter diese Aufbruchstimmung in eine neue, friedliche Welt und deren Ziele setze, möchte ich mich kurz vorstellen. Mein Elternhaus war rationalistisch, materialistisch, liberal, pantheistisch-religiös und tolerant gegenüber vielen Werten, Religionen und Weltanschauungen, soweit sie die familien-typischen Besitz-, Ordnungs- und Bildungsansprüche nicht in Frage stellten. Als eher zurückhaltend-nachdenklich und musisch veranlagtes Kind fühlte ich mich in der kühlen Rationalität und materiellen Ausrichtung dieser Familie etwas abseits stehend, wie in eine Welt hineingeboren, der ich nicht richtig zugehörte. Doch ich arrangierte mich, halb gezwungen, halb aus Eigeninteresse.

Die Schul- und Studienausbildungen machten mir keine großen intellektuellen Schwierigkeiten. Die Fächerauswahl – Ingenieurwissenschaft, Berufspädagogik, Staatsrecht und Volkswissenschaft – entsprach im wesentlichen den soliden Vorstellungen meines Vaters.

Oft trieb mich jedoch Wissenshunger nebenher zu »exotischen« Wissenschaften, wie Kunstarchitektur, Publizistik und Religionswissenschaft, also zu den »Hungerleider-Wissenschaften« aus der Sicht meines Vaters.

Gelungen verlief auch die nahezu stetig aufsteigende berufliche Karriere. Ich verdiente bald recht gut. Es war alles ordentlich bestellt. Der selbstzufriedene Wohlstandszug der inzwischen satten Nachkriegsgesellschaft konnte abfahren, so wie es den Vorstellungen der Familie entsprach. Doch diese Art Zufriedenheit stellte sich bei mir von Jugend an nicht ein. Das konnte doch nicht alles sein?

Aus der Sicht der Familie und ihrer Erziehungsinhalte führte ich eine Art Doppelleben. Neben Lernen, Karriere, Geld verdienen und Besitz vermehren suchte ich immer nach der Sinngebung unseres Lebens und nach einem festen erklärbaren Fundament, das dem standhielt, was mich und die mir nahestehenden Menschen bewegte.

Zwar war ich in die evangelische Kirchenzugehörigkeit hineingeboren, war getauft und konfirmiert. Oft ging ich auch in katholische Kirchen, hörte und schaute zu, denn dort wurde einiges geboten, was in den eher trockenen evangelischen Gottesdiensten nicht vorhanden war. Aber das hier wie dort vermittelte Christentum erschien mir altmodisch und überlebt. Ich bekam keine Antworten auf meine Fragen. Das wenig überzeugende Gerede von Sünde und Buße konnte ich in mein Leben nicht einordnen, und der alleinseligmachende Anspruch dieser Kirchen störte mich. Auch hatte ich inzwischen im Geschichtsunterricht gelernt und fand dies im Alltagsleben zunehmend bestätigt, daß die Kirchen historisch versagt hatten, bis in die Gegenwart hinein. Da war die Unterstützung von Kriegen bis hin zur Waffenweihe statt Nächstenhilfe. Da waren

Egoismus und Machtpolitik, auch der Kirchenführer, bis hin zu den verletzenden Rivalitäten der evangelischen und katholischen Gemeindepfarrer – statt Aufbau und Förderung einer übergreifend humanen Gesellschaft, in der das Gute im Menschen zum Tragen kommen könnte. All dies ließ mich am Wert dieser Religion zweifeln. Allenfalls billigte ich ihr zu, daß sie durch Strafandrohung für die Einhaltung eines Mindestmaßes an Moral und Ordnung bei mehr einfältigen Menschen sorgte, die nicht kraft verstandesmäßiger Einsicht zu demselben Ergebnis für eine menschenwürdige Grundordnung der Gesellschaft kommen könnten.

Andere, insbesondere fernöstliche Religionsinhalte, sowie der Alt- und Neuhumanismus liberaler und gemäßigt sozialistischer Prägung erschienen mir menschenangepaßter und - freundlicher. Mit ihnen befaßte ich mich intensiv. Philosophie, Religionswissenschaft, Psychologie und esoterische Literatur wurden prägend für mich – hinter den vorzeigbaren Erfolgen in Studien, Beruf und als Verfasser von Fachliteratur. Ich las sehr viel und besuchte besondere »religiöse« und religionswissenschaftliche Seminare. Auch Astrologie, Pendeln und Wahrsagen wurden zunehmend interessant. Bestätigten sie doch die Richtigkeit meines Lebensweges hinter der Fassade. Auf diesen Grundlagen ging ich den Weg der modernen Selbstverwirklichung und der Selbstgerechtigkeit.

Religiös tragender Geist war das göttliche Wesen des Kosmos, der Menschen und der Atome. Dieser göttliche Geist in allem hatte viele Propheten, von Laotse über Buddha bis hin zu Jesus, den ich als besonders guten Menschen, als großen Sozialrevolutionär des Nahen Ostens, nach dem unsere Zeitrechnung ausgerichtet wurde, und als einen Märtyrer unter vielen anderen ansah. Ich glaubte an ein irgendwie geartetes zielgerichtetes Weiterexistieren der unsterblichen Seelen, wobei mich Teilhard de Chardin besonders beeinflußte.

Wissenschaftlich tragend wurden Denker wie Plato,

Goethe und C. G. Jung, aber auch Einstein und Hoimar von Ditfurth, dessen wissenschaftliche Fernsehsendungen mich beeindruckten. Von der Starastrologin Elisabeth Tessier war ich fasziniert. Im kleinen Kreis ähnlich denkender Menschen diskutierten wir oft halbe Nächte bei geistanregendem Wein und versuchten, all dies auf einen großen Sinn- und Zielnenner des Einzelmenschen und der Menschheit zu bringen, der im wesentlichen esoterisch geprägt war. Westliches Denken und östliche Mystik versuchten wir, als Einheit zu sehen. Wir begriffen uns als Teilchen des Universums, das wir geistig erfaßten und ganzheitlich dachten, und wir sahen unsere Aufgabe in der Mitwirkung bei der geistigen Höherentwicklung der Menschen hin zur globalen Harmonie in einer neuen Zeit. Der im Kern gute und geistig entwicklungsfähige Mensch stand im Mittelpunkt.

In den eigenwilligen siebziger Jahren und schon 1967/68 mit der ersten größeren beruflichen Anerkennung versuchte ich, das vorher Gedachte auch zu leben. Heute weiß ich, daß ich besonders in dieser Zeit viel Schuld auf mich geladen habe; keine Schuld nach dem Strafgesetzbuch; aber ich habe mir nahestehenden Menschen sehr weh getan. Doch das weiß ich im nachhinein. Damals empfand ich mein Denken und Handeln als überzeugend und richtig. Auch betraf dies nicht mein Berufsleben. Das verlief weiterhin mit einer kurzen Unterbrechung auf Erfolgskurs. Jede Station war mit mehr Einfluß und Ansehen verbunden. Es betraf vielmehr das private Leben hinter der offiziellen Fassade.

Trotz aller nachdenklichen Zurückhaltung und musischer Harmoniesuche – ich hatte gelernt, beides auch zeitweise bewußt als angenehmen Wesenszug herauszustellen –, war ich fordernd und anmaßend geworden. Ich war oft überheblich, ungeduldig und selbstgerecht. Mit einigen mir besonders nahestehenden Menschen, aber auch mit Besitz und Geld ging ich verantwortungslos um. Das brachte Trennungen und Verluste. Scheidung blieb nicht aus. Doch all dies führte mich aus damaliger Sicht nicht zu lebensbedrohlichen Situationen, eher zum scheinbar Besseren.

»Am Anfang war die Tat«, wie Goethe seinen Dr. Faust sagen läßt. Das war eines meiner Handlungsprinzipien. Rechtfertigungen waren immer irgendwie da. Und das aktive Tun hatte der Selbstverwirklichung zu dienen. Wir feierten, wir diskutierten, wir lebten oder meinten zu leben. Wie ich das alles zeitlich mit den Anforderungen des Berufs und dem Schreiben von Fachliteratur in Einklang brachte, weiß ich heute nicht mehr. Es ging. Vor uns lag der persönliche und gesellschaftliche Fortschritt. Dem war alles andere nachzuordnen. Wer nicht mitkam, wurde fallengelassen. Wir badeten uns in unserem wissenden Ich. Wir waren erhaben über kleinliche bürgerliche Bindungen. Wir dachten die neue Welt, und das mit klugem Ernst, und versuchten, diese neue Welt mit viel persönlicher Freiheit zu leben.

Leben war für uns auch geistiger Fortschritt. Und das menschliche Wissen explodierte ja fast. Jährlich rund 2 Millionen neue Aufsätze und etwa 10.000 neue Bücher nur in Wissenschaft und Technik. Das entspricht einer siebenprozentigen Steigerung menschlicher Erkenntnis pro Jahr und der Verdoppelung der Erkenntnis in zehn Jahren. Daran wollten wir wenigstens ein bißchen teilhaben. Der Fortschritt erschien unbegrenzt, besonders in Naturwissenschaften und Technik. Zudem bereicherten andere, auch vergangene Kulturen, die Sammlung der Sinnerkenntnisse und Lebensziele, ob sie nun von lebenden Indianern stammten oder von toten Völkern, wie den Kelten oder Inkas. Immer gab es neue Anreize zum Weiterdenken.

Ehe wurde als eine rechtlich geregelte Partnerschaft verstanden, die Ausnahmen zuließ, und die auch gekündigt werden konnte. Die Freiheit ging vor. Leben war schließlich eine Abfolge reizvoller Ereignisse, die uns die Welt bot. Wir brauchten nur zuzugreifen. Und es gab immer wieder etwas Neues, so daß das Gestrige abgestanden erschien.

Viele Warnungen des Gewissens habe ich in dieser Zeit der Selbstverwirklichung geopfert. Sie wurden unterdrückt oder abgetan als Erinnerung an veraltetes Erziehungsgut. So dachten wir. Allem übergeordnet war für mich persönlich das Anliegen, verständliche Brücken zwischen vielfältigem religiösen Wissen, auch Geheimwissen, und den neuen Ergebnissen, insbesondere der ganzheitlich angelegten Naturwissenschaften, zu bauen, und damit ein Stückchen zu den geistigen Grundlagen der uns vorschwebenden neuen Welt beizutragen. Darin sah ich eine sinnvolle Lebensaufgabe neben dem Beruf. Wovon ich als Zehn- bis Vierzehnjähriger geträumt und was ich als Student angedacht hatte, das wollte ich nun als Erwachsener verwirklichen. Das war wohl der Höhepunkt meiner Anmaßung. Heute weiß ich das. Damals war ich von der hohen Qualität meines Anliegens überzeugt, und noch so viele Gegenargumente hätten mich nicht von dieser Überzeugung abbringen können.

Wo stehe ich heute?

Mein Anliegen, jenen Brückenbau für die geistigen Grundlagen der neuen Welt mitzugestalten, habe ich nicht verwirklichen können. Nicht Argumente, sondern harte Schicksalsschläge ließen das ganze gestapelte, selbstgefällige Wissen wie ein Kartenhaus zusammenfallen. Bedrükkende Zweifel bohrten, und tiefe Enttäuschungen lähmten. Betrug durch Menschen, von denen ich es nicht erwartet hatte, traf mich hart. Aber hatte ich nicht auch früher Menschen hängengelassen? Der Glaube an den im Kern guten Menschen wurde erschüttert. Mit Wucht wurde ich vom hohen Roß der Selbstherrlichkeit und Verurteilung anderer heruntergeworfen; es blieb nur noch die äußere Fassade beruflicher Disziplin bestehen. In Verzagtheit und Angst traf mich das Wort Gottes. Ich sah plötzlich meine ganze Schuld und Verlorenheit.

In dieser Verlorenheit erfuhr ich die Liebe und Gnade

Gottes, in der ich nun neu und geborgen lebe. Mehr als zwei Jahre verbrachte ich ganz zurückgezogen mitten in der Stadt Bonn in einer kleinen Wohnung zwischen Beruf und Gemeinde und haderte oft mit Gott. Liebevolle Menschen halfen mir, langsam einen sicheren Standort für Verstand, Herz und Seele in dieser Welt zu finden. Nach einem weiteren Jahr wagte ich 1987 den Schritt in eine neue Ehe und ging wieder unter Menschen. Ein großer Wandlungsprozeß hatte sich in diesen Jahren vollzogen. Heute weiß ich, daß die allerorts anzutreffende Aufbruchsstimmung in eine neue Welt, daß das aufgehende neue Zeitalter als nächster großer Entwicklungssprung der Menschheit, dem auch ich lange selbst nachgejagt bin, ein alter Menschentraum mit vielen Illusionen ist. Er ist sicher anziehend und faszinierend. Dennoch versehe ich ihn heute mit Fragezeichen.

Das Doppelgesicht unserer Welt

Haben Sie schon einmal ein Bild des altrömischen Götzen Janus mit dem doppelten Gesicht gesehen? Er hat zwei Gesichter, eines nach vorne und eines nach hinten, eines freundlich einladend und eines schrecklich abweisend. Die zwiespältige Doppelgesichtigkeit ist ein treffendes Sinnbild für unsere heutige Welt. Es ist unredlich, nur auf das Gesicht zu schauen, das mir gerade paßt und das ich beweisen möchte, entweder das freundliche oder das erschrekkende Angesicht unserer Welt. Doch schauen wir auf beide, dann sind wir irritiert, verwirrt und suchen nach verständlichen Antworten. Dazu einige – zugegeben etwas plakative – Beispiele.

Wohlstand und Lebensangst

In Westeuropa und Nordamerika, aber auch in Japan, lebt die weit überwiegende Mehrheit der Bevölkerung in einem immensen Wohlstand. Die Existenz der gar nicht so kleinen Randgruppen, die von diesem Wohlstand ausgeschlossen sind, nehmen wir nur ungern und distanziert zur Kenntnis. Sie dürften eigentlich gar nicht da sein. Uns geht es materiell so gut wie noch nie in der Geschichte, und nahezu beständiges Wirtschaftswachstum verspricht noch mehr Reichtum. Die zunehmende Vielfalt der Freizeitangebote und Produkte kommt kaum nach, ständig steigende Bedürfnisse zu befriedigen. Das ist das eine Gesicht.

Das andere Gesicht zeigt uns ebenso stark angestiegene Lieblosigkeit und Lebensangst. Nächstenliebe wird delegiert an zuständige kommunale, kirchliche oder staatliche Institutionen. Dienstleistungsgeschäfte zum Verkauf von Fürsorge und Seelentrost blühen. Folgen sind Vereinsamung und Irritation vieler Menschen in einem noch nie gekannten Ausmaß. Selbstmordraten steigen. Okkulte Praktiken, wie Pendeln, Tischerücken usw. halten schon in Schulen als Nervenkitzel Einzug. Der Psychologen-Boom wird zur Selbstverständlichkeit. Hinter dem Wohlstand verbergen sich viele angstvoll-gequälte und schwerkranke Herzen und Seelen. Karl Marx hatte ebensowenig recht wie die rationalen Liberalen, wenn sie behaupteten, daß den Menschen mit zunehmendem Wohlstand auch mehr Zufriedenheit und Glück zuteil würde. Eher ist das Gegenteil eingetreten, so unlogisch das auch sein mag.

Freiheit und Mangel an Geborgenheit

Wohlstand und die Freiheitsgrade seiner Majestät, des Ichs, hängen eng miteinander zusammen. Freiheit und persönlicher Genuß als Bestandteil der Selbstverwirklichung werden miteinander gepaart. Und diese Verbindung erfüllt unsere Wünsche. So sagt es auch die Werbung. Das ist das eine Gesicht. Das andere zeigt uns jedoch, daß die steigende Inanspruchnahme von Freiheit zur Selbstverwirklichung ohne Rücksichtnahme und Mitverantwortung die Geborgenheit in Familie und Gemeinschaften immer mehr schrumpfen läßt. Die Suche nach Geborgenheit und Liebe wächst nicht nur bei Kindern, sondern auch bei seelisch alleingelassenen Erwachsenen.

Überfluß und Hunger

Fast ein Drittel der Weltbevölkerung hat ein solches Übermaß an Ernährungsangeboten, daß mit den weggeworfenen »Resten« Schweinezuchten gemästet und Abfalldeponien gefüllt werden können. Der Müll des Überangebotes vom Treibgas bis zur Wegwerfpackung ist zur ernsten Gefahr für das ökologische Gleichgewicht geworden, und die »Zivilisationskrankheiten«, wie z.B. Allergien, nehmen beängstigend zu. Wir wissen es alle und tun doch wenig. Noch geht es ja gut.

Andererseits hungern rund ein Drittel der Weltbevölkerung so sehr, daß letzte Grünreserven verbraucht und die Wüstengürtel dauernd breiter werden. Auch hier wird ökologisches Gleichgewicht zerstört. Hungerkrankheiten nehmen zu. Und etwa 50.000 Menschen sterben täglich an Hunger.

Oft müssen sie sterben, weil für sie bereitgestellte Lebensmittel ihre Ziele nicht erreichen können. Es toben nämlich seit 1945, dem Ende des großen Weltkrieges, außerhalb von Mitteleuropa und Nordamerika rund zwanzig bis dreißig Kriege gleichzeitig rundum auf unserem friedlosen Planeten. Über 17 Millionen Menschen sind in ihnen bisher ums Leben gekommen. Lebensmittelhilfen und ärztliche Versorgung werden häufig durch sie verhindert.

Technikwohl und -wehe

Die enormen naturwissenschaftlichen und technischen Erfolge haben nicht nur unsere Arbeits- und Wohnwelt verändert und verändern sie weiter; sie bereichern und bedrohen auch die Menschen. Auf Minichips können millionenfach Informationen gespeichert werden, mit denen ganze

Produktionsabläufe gesteuert und geprüft werden. Sie können aber auch mit Informationen versehen werden, die Zerstörungsabläufe programmieren. Wir sind in der Lage, so viel Nuklearenergie zu erzeugen, daß wir die ganze Welt hell erleuchten könnten. Wir könnten die Welt mit derselben Energie auch verwüsten. Die USA, die Sowjetunion und Westeuropa bauen Weltraumstationen, die für die ganze Menschheit nützlich sein sollen. Sie können aber auch Stationen für die Weltzerstörung werden. Die Doppelgesichtigkeit von Biotechnologie und Gentechnologie mag hier nur angedeutet sein. Bei den verschiedenen Technikentwicklungen, die wohl bald zu einem Weltwissen werden, liegen Wohlfahrt und Zerstörung der ganzen Menschheit, ja der Erde besonders eng beieinander.

Die Suche nach Auswegen

Wir werden mit der Doppelgesichtigkeit unserer Welt nahezu täglich konfrontiert. Wenn wir uns mit ihr auseinandersetzen, mobilisiert sie Hoffnungen, aber auch Zukunftsangst und -grauen. Eine andere Frage ist, ob wir ständig soviel Zwiespalt ertragen können. Suchen wir nicht immer mehr nach Möglichkeiten, uns vor den Zwiespältigkeiten zu verstecken? Wollen wir uns überhaupt mit ihnen befassen? Häufig weichen wir der Konfrontation aus, weil wir soviel Spannung gar nicht ertragen können. Wir lenken uns ab oder suchen nach leicht einleuchtenden positiven Antworten. Und dafür wird uns viel geboten.

Ablenkungsdrogen

Rund zwei Drittel der erwachsenen Bürger Westeuropas sitzen täglich mindestens vier Stunden vor dem Fernsehapparat. Laut psychosozialen Untersuchungsergebnissen[1] kann Fernsehen als Ersatzdroge für die Flucht aus Sorgen und Ängsten ebenso süchtig machen wie Alkohol oder Rauschgift. Fernsehen ist für die Bevölkerungsmehrheit zur sanften Droge geworden. Es bestimmt nicht nur den Tagesablauf, sondern auch die Erlebniswelt mit. Es entsteht eine Ersatzwelt, in der man sich einrichten kann.

Eine weit weniger sanfte Fluchtdroge ist der Alkohol. Schätzungen allein für die Bundesrepublik rechnen mit bis zu sechs Millionen Abhängigen. Oft sind Alkohol- und Tablettensucht miteinander verbunden. Und der Konsum von beiden steigt weiter. Das Erbgut wird angegriffen.

Die harten Drogen breiten sich weiter aus. Natürliche Drogen, wie Kokain, und synthetische Drogen, wie Crack, sind billiger geworden, so daß sie für die breite Bevölkerung, Schüler eingeschlossen, zugänglich geworden sind. Jeder zehnte Deutsche soll inzwischen solche Ausstiegsdrogen mehr oder weniger regelmäßig zu sich nehmen.

Ein Sättigungsgrad ist nicht in Sicht. Der Ablenkungsbedarf steigt weiter.

Feinere Ablenkungen

Bestimmte »feine« Ablenkungen gehören zum guten Ton. Sie sind gesellschaftsfähig ohne Drogenbeigeschmack. Zu ihnen zählen Sportarten als Lebensinhalt und die persönliche Identifikation mit Spitzensportlern. Man ist Fan! Man gehört dieser oder jener Fußball-, Tennis- oder Golfgemeinde an. Für sie und ihre Idole kann man sich ohne innere Not engagieren. Diesen Sportlern werden auch königlicher Verdienst und eigenwilliger Lebensstil zugebilligt, was man bei einem hart arbeitenden Handwerker mit Befremden sehen würde. Dafür tragen die Idole aber auch zur eigenen Lebenserfüllung bei.

Oder man ist Fan von Rock- oder Popstars, die wie Sterne auf- und untergehen und, solange sie leuchten, angehimmelt werden. Auch sie sind Identifikationsfiguren für den Bedarf àn pulsierenden rhythmischen Botschaften zur Selbstfindung. Daher wird ein populärer Popstar wie Michael Jackson in Stadien von Zehntausenden oder gar auf dem Hockenheim-Ring von rund 70.000 Menschen gefeiert. Eine solche Anziehungskraft übt kein Politiker der Welt aus. Doch er kann diese Menschenmassen elektrisieren. Viele flippen bei dem Happening aus und geraten in Ekstase. Hunderte werden schon beim ersten Hit ohnmächtig und müssen von Sanitätern behandelt werden. Das ist ablenkendes Leben.

Ebenso haben sich inzwischen Satanic-Rock-Bands etabliert. Wo sie loshämmern, da recken sich tausende von Fäusten hoch, und obszöne und teufelsanbetende Texte fetzen durch die Luft. Diese »Monsters of Rock«, wie sie sich selbst nennen, verkünden Botschaften mysteriöser Teufels- und Todeskulte. Sie kommen bei einer Unzahl meist junger, männlicher Fans an.

Wenn wir einen Fan der Satanic-Rocker fragen, warum er Abende so verbringt, so hören wir Antworten wie: »Das ist doch nur ein großer Spaß. Der ist tierisch stark.« Nur Spaß, der ablenkt?

Information und Mobilität

Schon seit einer Weile sagen uns Soziologen, daß wir das Übermaß an Informationen, das sich heute über uns ergießt, gar nicht mehr verarbeiten können. Dennoch konsumieren wir dieses Übermaß. Wollen wir es überhaupt noch verarbeiten? Ist nicht die Informationsfülle zum zeitfüllenden Ablenker geworden? Wir sind wohl die informierteste Gesellschaft, die es je gab. Aber stellen wir noch die Frage nach der Wahrheit? Ist das eigentlich wahr und echt, was ich da höre und lese? Kann ich mich darauf verlassen oder gar darauf bauen? Je mehr Informationen wir konsumieren, desto passiver werden wir in deren Verarbeitung. Wir nehmen immer mehr zur Kenntnis, ohne die Echtheit zu prüfen. Wahrheit, so haben wir gelernt, ist doch subjektiv. Es kommt immer auf den Standort des Betrachters an. So gibt es eben viele Wahrheiten. Seien wir doch nachsichtig und tolerant. Die Nachricht an sich ist zeitfüllend und wichtig. Das ist moderner Meldungsjournalismus. Der Inhalt ist flüchtig. Er ist meist schon in der nächsten Woche veraltet.

Wenn ich in Bonn Journalisten frage, ob das wirklich wahr ist, was sie melden und schreiben, dann erhalte ich ungefähr diese Antworten: »Das weiß ich nicht genau. Ich nehme es an und hoffe, daß die Recherchen ordentlich sind. Aber die Meldung ist gut; und das ist das Wesentliche. Die kommt an!« Mit dem Konsum der Überinformation gehen wir immer mehr in die Flucht vor der Wahrheit. Wir werden flüchtig, wie die Meldung selbst. Der nächste Informationsschwall kommt bestimmt.

Ähnlich verhält es sich mit der Mobilität. Die Soziologen sagen uns, daß Beweglichkeit das Bedürfnis nach Begegnung und Erlebnishunger deckt. Sie ist eine Flucht vor dem Nachdenken, vor möglicher Wahrheit, die unangenehm sein könnte, eine Flucht aus Alltag und Sorgen. Wer sich bewegt, weicht anstrengendem Denken aus. Je schneller die Bewegung ist, desto höher ist das passive Erleben, der Genuß oder Rausch, desto geringer ist die Überlegung und die Mobilität des Herzens.

Geschwindigkeit kann die Wirkung einer Droge haben, besonders wenn man sie selbst steigern und lenken kann. Hier vereinigen sich Mobilität und Sehnsucht nach Freiheit. Das ist auch die Faszination des Autos. »Auto« kommt aus dem Griechischen und heißt »selbst« oder »eigen«. »Autonom« heißt eigengesetzlich. Das Auto ist das Symbol für Eigengesetzlichkeit, Emanzipation, Freiheit, Selbstverwirklichung und unbeschränkte Mobilität. Deshalb wird niemand den Siegeszug des Autos stoppen können. Nur das Flugzeug oder der IC-Zug mit mindestens 200 km pro Stunde können konkurrieren. Das wird so bleiben, solange die Majestät des »Ich« regiert. Die mobile Ich-Verwirklichung verdrängt jedoch die Beantwortung existentieller Fragen. Die Selbstverwirklichung flüchtet vor tragfähiger Wahrheit.

Wertewandel

Hinter all dem steht ein Wertewandel, der sich in den letzten zwanzig Jahren vollzogen hat. So ist die Krisenerfahrung aus dem Zweiten Weltkrieg und der anschließenden Hungerzeit der selbstverständlichen Inanspruchnahme des Wohlstandes gewichen. Der Arbeit wird kein Wert mehr in sich zugemessen, sondern sie dient der Selbstverwirklichung, entweder im Beruf oder in der Freizeit.

Die in den siebziger Jahren errungenen Werte, woran auch ich, wie vorher beschrieben, teilgenommen habe, wie Freizügigkeit, Individualismus, Autonomie und Konsum all dessen, was die Welt bietet, sind in den heute gültigen Wertehimmel aufgenommen. Dieser Wertehimmel ist für die Mehrzahl der Bevölkerung geprägt von Selbstentfaltung in Verbindung mit der Erfüllung vieler Bedürfnisse und dem Sammeln vielseitiger Erfahrungen. Hinzu kommen gleichberechtigte Partnerschaft, Schönheit, ein Mindestmaß an Toleranz, Umweltschutz, soweit die persönliche Freiheit nicht eingeschränkt wird, und Sinnerfüllung durch leicht einsichtige Inhalte, die tieferes Nachdenken ersparen.

Ergänzend wird von Soziologen und Psychologen darauf hingewiesen, daß es eine nachdenkliche Minderheit besonders bei jungen Menschen gibt, die die Zwiespältigkeit unserer Welt sieht, ernsthaft fragt und nach Auswegen sucht.

Überlebensforderungen

Diese Minderheit sieht, daß das Überleben der Menschheit einen einfacheren Lebensstil neben sanfter Technologie und vorsichtigem Umgang mit der Natur erfordert. Für die Mehrheit der Westeuropäer und Nordamerikaner zeichnet sich diese Einsicht nicht ab.

Die satte Wohlstandsgesellschaft, zunehmend ichbezogen, will überleben. Das soll möglichst ohne Einbußen an persönlicher Lebensqualität geschehen, ohne Konfrontation mit Negativbildern, mit viel positivem Denken über alle Zwiespältigkeiten hinweg und mit entsprechend positiven Erfahrungen sowie mit wenig Eigenverantwortung in der Gesellschaft. Diese Grundforderungen hat jede Partei und jeder Politiker zu respektieren, wenn er gewählt oder wiedergewählt werden will.

Die Hoffnung auf eine neue Welt, auf ein neues Zeitalter, die immer häufiger von berufenen Köpfen verkündet wird, kommt unten an. Sie wird von der Bevölkerung aufgenommen, aber bitte ohne Abstriche bei der erreichten persönlichen Lebensqualität. Doch das wird ja auch von keinem Verkünder der neuen Welt gefordert. Vielmehr wird, so sagen sie, der Weltfriede ohne Angst auch mit wirtschaftlichen Wachstumssprüngen verbunden sein. Allein das wirtschaftlich vereinigte Europa wird große Wachstumsanstöße mit sich bringen. Eine Forderung klingt jedoch bei den Verkündern auch durch, nämlich daß wir für dieses Überleben, für den Qualitätssprung in eine neue Welt, allseits akzeptierte Leitbilder brauchen.

Ich bin überzeugt, daß die meisten Menschen in unserer westlichen Welt Momente der Rückbesinnung, der Gewissensnöte haben, wenn sie auf ihre Ansprüche in diesem und dem neuen Zeitalter schauen. Sie fragen sich im stillen, wer ihnen das Recht gibt, solche Ansprüche zu haben, und sie spüren, daß das geforderte Überleben mit solchen Ansprüchen nicht alles sein kann. Es muß Wertvolleres geben, das mehr erfüllt und über dieses Erdenleben hinausreicht. Sie verharren und suchen nach wahrer Sinngebung. Doch der Sog des Zeitgeistes läßt diese Gewissensstimmen bald irgendwo im Raum hängen und reißt die meisten Menschen wieder mit sich. Sie stoßen dann schnell auf Propheten, die ihnen neue Leitbilder, verbunden mit Wohlstand, Erfolg und Selbstentfaltung, als Einstieg bieten.

Der Markt der Produkte für die Vermittlung neuer Leitbilder zur Lebensbewältigung und zur Vorbereitung für die moderne Zeit ist in den letzten Jahren sprunghaft gewachsen. Sie bieten leicht einleuchtendes Wissen zur Sinnerfüllung des Lebens, zum Erringen von Erfolg und zum Finden einer neuen Geborgenheit.

Wenn wir heute in eine Buchhandlung gehen, finden wir ganze Regale voller Bücher mit einladenden Titeln wie:

- Lebenskraft und langes Leben,
- Leben im Licht,
- Weiterleben nach dem Tod,
- Frei von Sorgen,
- Schönheit von innen,
- Finde Dein höheres Selbst,
- Schöpferisch sein,
- Erfolg im Leben,
- Die Macht des Glaubens,
- Ein Leben in Glück,
- Die Kraft in mir,
- Träume werden wahr,
- Ich bin die Mitte,
- Wunder, die Sie selbst vollbringen,
- Das innere Auge,
- Leben statt machen. Einwände gegen das Verzagen.

Sprechen solche Titel nicht viele Sehnsüchte an? Sie treffen genau die Wunschvorstellungen für unser Leben. Der Marktanteil dieser Bücher hat inzwischen den der Krimis überholt und steigt weiter.

Das Fernsehen und der Rundfunk dürfen bei dieser Großnachfrage nicht nachstehen. So steigt auch der Anteil der Sendungen zu neuen Möglichkeiten der Lebensbewältigung, zu Esoterik und New Age bis hin zu Geistheilungen. Und die Einschaltquoten steigen ebenso.

In der Wirtschaft wird eine Vielzahl von Fortbildungsseminaren mit verlockenden Programmen angeboten. Die

Adressaten reichen von Handwerksbetrieben über mittelständische bis zu Großunternehmen, und das Seminarangebot ist branchen- und unternehmensspezifisch ausgerichtet. Die in den Grundaussagen und Ausbildungszielen nahezu identischen Seminare haben meist unverfängliche Titel wie z.B.:

- Aufbauseminar,
- Anti-Streß-Training,
- Ganzheitliches Management.

Inhaltlich bieten sie in vielen Variationen

- das Bewußtwerden wahrer Bedürfnisse,
- die Aktivierung unterbewußter Leistungspotentiale,
- die Kraft positiven Denkens,
- die Steigerung kosmischer Kreativität und
- das Erkennen all dessen in meditativer Vertiefung.

Die Anbieter solcher Seminare und Kurse reichen von Management-Schulen über Fach- und Berufsverbände bis zu Volkshochschulen. Viele Großfirmen empfehlen die Teilnahme oder machen sie gar für ihre Mitarbeiter zur Auflage.

In diesen Seminaren ebenso wie in den beschriebenen Buchreihen und Sendungen wird den Bürgern der westlichen Welt nahegebracht, was sie gern hören möchten. Sie können ohne Verzagen und Sorgen in die Zukunft schauen. Sich selbst entfalten und erfolgreich sein. Ihre Lebensqualität noch erhöhen. Sie können Träume erfüllen und ein höheres Selbst erreichen, und das über dieses Erdenleben hinaus, so daß der Tod seinen Schrecken verliert. Sie können selbst entscheiden, was für sie richtig und falsch, gut und böse ist. Sie können teilhaben an dem Aufbau einer friedlichen neuen Welt, die mit menschlicher Kraft zu gestalten ist.

Eine solche Sinnerfüllung ist doch wirklich annehmbar und kommt vielen Wünschen entgegen! So steuern wir doch auf eine Zukunft zu, die die Doppelgesichtigkeit unserer heutigen Welt beenden wird!

Comeback der Religionen

Karl R. Popper, der Vater der Philosophie unserer Zeit, schrieb 1934 in seinem Buch »Logik der Forschung«: »Wir wissen nicht, sondern wir raten.« Laut seinen 1971 erschienenen Aufsätzen in dem Buch »Objektive Erkenntnis« kann keine Theorie Anspruch auf Endgültigkeit erheben. Probleme sind nur vorläufig lösbar. Alles Wissen basiert letztlich auf Vermutungen und ist zu keiner Zeit vor Widerlegung gesichert.

Damit versetzte Popper dem sogenannten cartesianischen Weltbild (René Descartes: »Ich denke, also bin ich«), das den Menschen und die Welt endgültig rational und mechanistisch erklären wollte und das Denken der letzten Jahrhunderte mit formte, den letzten Todesstoß. Popper traf auf breite Zustimmung in der Wissenschaft und bei der sogenannten Intelligenz. Überall stießen Wissenschaftler auf Grenzen »unwiderlegbarer« Erkenntnis. Besonders in den vorwärtsstürmenden Naturwissenschaften mußten und müssen feste Bastionen bisher »gesicherten« Wissens aufgegeben werden und neuen Erkenntnissen Platz machen, die sich wiederum nur als Annäherungsergebnisse erweisen. Auch in anderen Wissenschaftsbereichen wie Medizin und Psychologie zeigt sich dieselbe Entwicklung.

Was liegt näher, als nach dem zu suchen, was hinter dem noch nicht Erfaßbaren und objektiv Erkennbaren liegt? Erkenntnis beruht auf Vermutungen, sagt Karl Popper. Alles bisher zementierte Wissen war damit relativiert, der Weg zu religiösen Einsichten nun wieder freigegeben. Religiös sein ist jetzt wieder »in«. Auch das ist ein wesentliches Merkmal unseres heutigen Zeitgeistes.

Wir haben es mit einem »Comeback« der Religionen zu tun. Eine von 1970 bis 1986 weltweit durchgeführte Umfrage des Gallup-Instituts in Princeton (USA) kam zu folgendem Ergebnis. Der Anteil der Weltbevölkerung, der sich als religiös bezeichnet, ist innerhalb von 15 Jahren von 72 % auf fast 80 % gestiegen. Der Anteil überzeugter

Atheisten, die alle religiösen Inhalte ablehnen, ist in demselben Zeitraum von 13 % auf 4 % gefallen.

Ist das Christentum noch populär?

Ein weiteres bedenkenswertes Ergebnis der Gallup-Umfrage ergab sich für Westeuropa und Nordamerika. Besonders für diese Regionen werden die Zukunftsaussichten des Christentums gering eingeschätzt. Die meisten Europäer glauben an ein irgendwie geartetes höheres Wesen, das göttlich ist. Aber der in der Bibel bezeugte persönliche Gott als Schöpfer wird von der Mehrzahl abgelehnt. Westeuropa und Nordamerika werden zu nachchristlichen Kontinenten.

Dieses Ergebnis ist für Menschen, die sich auf dem Weg der Selbstfindung nach üblichem Verständnis befinden, nicht verwunderlich. Man dreht sich um sich selbst und versucht, dabei immer mehr Gutes in sich zu finden. Seine Majestät, das Ich, läßt ungern eine solche Autorität wie den Gott der Bibel zu. Der dort bezeugte Gott wird als altmodisch, zornig, intolerant, als einengend und Gehorsam verlangend empfunden. Forderungen wie die nach Sündenerkenntnis und Buße, nach dem Loslassen des Ichs, um zu Gott zu finden, sind doch eine menschenunwürdige Wurmtheologie. Daß der Mensch ohne Gott nur Böses hervorbringe, wie Unzucht, Ausschweifung, Götzendienst, Zauberei, Feindschaft, Hader, Selbstsucht, Neid, Zank und dergleichen, wie es der Apostel Paulus behauptet[2], kann doch nicht wahr sein! Hinzu kommt diese Zumutung mit dem Teufel. Wenn Papst Johannes II. im Münchner Olympia-Stadion sagt, der moderne Mensch tue alles, »um die listigen Anschläge des Teufels aus dem Bewußtsein zu verbannen«, dann wird ihm das noch zugestanden. Er muß es von Amts wegen sagen. Aber das braucht nicht wirklich ernst genommen zu werden. So lautet die gängige Meinung. Und diese Geburt Jesu von einer Jungfrau, das ist nur ein schönes Weihnachtsmärchen. Nein, von solchen und ähnlichen Torheiten sollte die christliche Lehre befreit werden, damit andere Teile dieser Lehre, die auch heute wirklich aktuell für den Aufbau einer neuen Welt sein könnten, wieder zum Bestandteil annehmbarer Religion werden können. Das Christentum sollte von dem alten Ballast befreit werden.

Menschenfreundliche Religionen

Andere Religionen haben weit weniger »Ballast«. Sie kommen dem Selbstwertgefühl eines großen Teils der Menschen in der westlichen Welt mehr entgegen. Das gilt besonders für die alten und scheinbar immer jungen religiösen Weisheiten des fernen Ostens, aber auch für manche religiösen Inhalte, die vor unserer Zeitrechnung in der griechischen Welt zu Hause waren (z.B. persischer Zarathustra-Glaube und ägyptischer Sonnenkult). Ebenso wird die Weisheit der Kelten und der Indianer wieder aus der Versenkung hervorgeholt. In allen sind Antworten auf heutige Fragen zur Zukunftsgestaltung zu finden. Sie erscheinen weit vertrauenswürdiger als das Christentum. Sie machen nicht mies, sondern zeigen das Gute im Menschen auf und damit auch die Möglichkeiten der Menschen zur Gestaltung eines neuen Zeitalters. So können sie das Bedürfnis nach allgemeingültigen religiösen Antworten auf all diejenigen Erkenntnisfragen decken, die hinter dem bis jetzt wissenschaftlich Erfaßbaren liegen.

Wissenschaftsfreundliche Religionen

Die aufgezählten religiösen Weisheiten können auch Wissenschaftlern Erklärungen für das liefern, was sie nicht exakt nachzuweisen vermögen. Das werden wir später an einigen Beispielen erläutern. Ein großer Teil der enormen, geheimnisumwitterten Anziehungskraft mancher Religionen ist hier zu suchen. So ist es kein Wunder, daß Inhalte nicht-christlicher Religionen, inbesondere fernöstlichen

Ursprungs, das ehemals christliche Abendland und Nordamerika wie eine geistige Flutwelle überrollen. In den siebziger Jahren drang sie bis ins Bürgertum vor. Und nun steigt die Flutwelle weiter an. Sie stillt geistigen Durst. In den letzten Jahrhunderten haben Europa und nachfolgend auch Nordamerika die Welt erobert und kolonialisiert. Seit Anfang der siebziger Jahre befinden sich die Weisheiten der Dritten Welt im Gegenzug auf einem ungestoppten Siegesmarsch durch Nordamerika und Westeuropa, und sie schicken sich an, wichtige geistige Grundlagen für die Gestaltung der zukünftigen Welt zu werden.

Mit der Perestroika finden sie auch Eingang nach Osteuropa und in den riesigen asiatischen Teil der Sowjetunion. Sie bieten sich dort als Ersatz für diejenigen Inhalte der staatstragenden sozialistischen Ideologien an, die mit dem Zusammenbruch des sog. cartesianischen Weltbildes verlorengehen, denn auch manche der bisher festgefügten rationalen Ergebnisse sozialistischer Wissenschaft sind ins Wanken geraten. Auch dazu wird später noch etwas zu sagen sein. Gorbatschow hat unwidersprochen festgestellt, daß keine sozialistische Partei das Monopol auf Wahrheit habe.

Westöstliche Umarmung

In der westlichen Welt trifft der Siegeszug fernöstlicher Weisheiten und Religionsinhalte auf einen vorbereiteten geistigen Boden. Im »westöstlichen Diwan« hatte Johann Wolfgang von Goethe den Versuch gewagt, westliches und östliches Denken einander näherzubringen. Der westliche Humanismus zu Beginn des 19. Jahrhunderts, also der »Übergang des Menschen zur Freiheit und Humanität« (Traktat von Friedrich Schiller), wurde nachfolgend immer mehr durch östliche Weisheiten ergänzt. Man lernte sie schätzen, wobei auch mystische Gelehrsamkeit eine Rolle spielte.

In den letzten 150 Jahren freundeten sich viele Dichter,

Denker, Philosophen und Psychologen mit östlichen Weisheiten und Religionsinhalten an und trugen zu ihrer Verbreitung unter der Intelligenz bei (z.B. Goethe, Lessing, Hesse, Schopenhauer, Nietzsche und C.G. Jung). Westliches und östliches Gedankengut zur Selbstfindung der Menschen und zur Verwirklichung einer humanen neuen Welt wurden zusammengebunden. Die heutige westöstliche Umarmung als religiöse Massenbewegung trifft somit auf einen aufbereiteten Boden der Vordenker.

Doch populär gewordenes religiöses Wissen bedingt Vereinfachung, damit es für die Mehrheit der Bevölkerung zum gemeinsamen Erkenntnisgut werden kann. Das gilt auch für die Umarmung von humanistischer Selbstverwirklichung und mystischer Selbsterkenntnis auf dem westöstlichen Diwan. Die hieraus entstandenen verlockenden Aussagen sollen gleich in Umrissen vorgestellt werden. Hochkarätige Denker, Yogi, Buddha-Priester oder Esoteriker würden sie als zu simpel für ihre hochgeistige Welt abtun. Dennoch geistern sie in vielen Köpfen Europas und Nordamerikas herum und erfüllen sie mehr und mehr.

Populäre Inhalte menschenfreundlicher Religionen

Der Vater der modernen humanistischen und der transpersonalen Psychologie, C. G. Jung, stellte schon zu Beginn dieses Jahrhunderts fest, daß für den Menschen Religion ein ihm angeborenes Urbedürfnis sei, ja, daß er in erster Linie ein religiöses Wesen sei und dann erst die Ratio, die Vernunft komme.

Die neue Religiosität in unserer verwissenschaftlichen Welt zeigt, daß er mit dieser Feststellung recht hatte. Was jedoch religiöse Inhalte angeht, so ließ auch C. G. Jung sich von der westöstlichen Umarmung betören.

Gott ist nach C. G. Jung nicht der allmächtige, persönliche Schöpfergott der Bibel, sondern das göttliche Prinzip, der Geist und das Gesetz, eine Art Geistgesetz des Weltalls. Dieses unpersönliche Göttliche lebt in allem, angefangen vom Kosmos bis zum Atomteilchen. Es lebt in den Sternen, der Sonne, der Erde, dem Mond, im Erdboden, im Wasser, in den Tieren und Pflanzen und im Menschen. Alles ist eines, »all is one« und alles ist letztlich göttlich gut, da auch das scheinbar Böse letztendlich dem Guten dient. Das klingt doch einleuchtend und schön, wenn man sagt: Gott ruht in den Steinen, lebt in den Pflanzen und Tieren und wird sich bewußt im Menschen. Wenn das stimmt, dann ist der Mensch letztlich auch göttlich gut. Der Gott der Bibel ist entmachtet. Wir brauchen ihn nicht mehr. Er kann in die Ecke gestellt werden. Unser Ich ist ja nun göttlich. Zentrum eines jeden Menschen ist seine unsterbliche Seele. Laut C. G. Jung ist diese Seele das bewußte (Ich) und unbewußte Selbst. Sie wandert zwischen der unsichtbaren Geistwelt und der sichtbaren materiellen Welt hin und her. Nach dem Tod des Menschen hält sie sich eine gewisse Zeit in der unsichtbaren Welt auf und wird dann wieder in die sichtbare Welt hineingeboren, wiederverkörpert, reinkarniert.

Sinn des körperlichen Lebens der unsterblichen Seele ist es, sich ihrer göttlichen Natur bewußt zu werden und so ihre Einheit mit dem göttlichen Geistgesetz, das in allem ist, zu erfahren. Erfahrbar ist dies durch die zunehmende Beherrschung geistiger Techniken, wie Yoga, Meditation, magische Rituale, Drogen, aber auch Opfergaben und gute Werke, je nach Schwerpunkt der Lehren. Viele Erkenntnisleistungen und Läuterungsstufen der unsterblichen Seele, die das wahre Selbst ist, sind notwendig, um das göttliche Prinzip in sich zu verwirklichen, also der göttliche Mensch zu werden (westliche Sicht) oder wieder voll im göttlichen Geistgesetz aufzugehen (östliche Sicht).

Der Weg dorthin, so wird behauptet, ist absolut gerecht. Das göttliche Prinzip, das Geistgesetz, bedingt nämlich eine Art moralischer Waage, auf der alle positiven und negativen Seelenleistungen gewichtet und gegeneinander aufgewogen werden. Vielleicht wird das mit folgendem Bild deutlich.

Der heutige, mit Computer aufwachsende Mensch kann sich leicht vorstellen, daß seine unsterbliche Seele mit einer Art himmlischen Computer in der unsichtbaren Welt in Verbindung steht. Alle Motive, Gedanken und Taten im sichtbaren Leben sowie alle Geschehnisse, die diesem Menschen widerfahren, werden in dem himmlischen Computer gespeichert, bewertet und miteinander verrechnet. Befindet sich dann die Seele in der unsichtbaren Welt, so nimmt sie den Speicherinhalt des Computers, ihr Karma, zur Kenntnis und weiß, was bei der nächsten Wiederverkörperung auf dem Weg zur Vergöttlichung an Seelenleistung drankommt.

Der Leistungs- und Läuterungsweg umfaßt viele Einzelschritte, so daß bis zur Vergöttlichung viele sichtbare Leben, viele Reinkarnationen notwendig sind. Jedes gelebte Leben ist nur ein Schritt auf diesem Weg. Die Schrittlänge druckt der himmlische Computer aus. So wird jede unsterbliche Seele absolut gerecht behandelt. Gnade im christlichen Sinne gibt es nicht. Sie wäre auch ungerecht. Es gibt höchstens Begnadigung im Sinne von angemessenem Schuldenerlaß bei besonders guter Leistung.

Eine solche Bewertung des einzelnen sichtbaren irdischen Lebens hat eine hohe Anziehungskraft für heutige Menschen, sowohl aus der Sicht des Leistungsdenkens als auch des Genießenwollens, je nach Veranlagung des einzelnen. Leistungsanreize sind:

– Die Aufwertung des Ich als Teilhaber am göttlichen Geistgesetz. Die Möglichkeit, in diesem Leben möglichst viel zur Selbstfindung und -vervollkommnung beitragen zu können.

– Die Sicherheit, einen wertvollen Beitrag zum Aufbau einer besseren Welt erbringen zu können.

– Die Erkenntnis des wesenseigenen Guten und das Erleben kosmischer Verbundenheit. Ein schlechtes Gewissen oder Dankbarkeit gegenüber dem Schöpfergott der Bibel braucht man nicht mehr zu haben und ist dennoch zutiefst religiös. Solche Erkenntnisse können zu zeitweiligen Hochstimmungen führen, auf die oft tiefe Enttäuschungen folgen. Beides habe ich an mir selbst erlebt.

Anreize zu mehr Genuß bieten sich ebenso an:

– Man kann dies Leben oberflächlich-lässig genießen, da man nur Teilleistungen zur Vergöttlichung der Seele zu erbringen braucht. Verantwortung kann man auch auf morgen verschieben.

– Man kann mit dem Körper zumindest zeitweilig nachlässig umgehen, da ja nur die Seele ewigen Bestand hat. Drogen-, Alkohol- und anderen Genüssen kann man sich erst einmal getrost hingeben. Meditation und gute Taten können mehr in reiferen Lebensstadien erbracht werden.

– Dem Sterben ist der Schrecken genommen. Es ist nur der Verlust des verbrauchten Körpers. Für das eigentliche Ich, die unsterbliche Seele, die sich auf dem Weg zur göttlichen Vollkommenheit befindet, ist das Sterben sogar gut.

– Jeder Fehler, der in diesem Leben begangen wird, kann in einem der nächsten Leben ausgeglichen werden, da man sich auf die gerechte Verrechnung durch den himmlischen Computer verlassen kann, usw.

Die sicheren Wiederverkörperungen, Reinkarnationen, ermöglichen somit die Evolution der unsterblichen Seele zur göttlichen Vollkommenheit. Diese religiöse Evolutionslehre entspricht der biologischen Evolutionslehre, die in allen Schulen gelehrt wird, und ist damit als System bekannt und leicht einsehbar.

Die Lehrer für die Evolution der Seele, der Selbstverwirklichung in Stufen, sind Menschen, die auf dem Weg zur göttlichen Vollkommenheit schon weit vorangeschritten sind. Es sind die Meister, Yogis, Heilige, Priester, die Anleitungen für Meditation, Erkenntnisleistungen, Läuterungsstufen und gute Taten geben. Sie verdeutlichen, daß wahre Gnade das Erkennen des eigenen Weges zur göttlichen Vollkommenheit ist. Für diese Wegweisung sind viele Menschen in unserer Wohlstandsgesellschaft bereit, viel Geld zu bezahlen. Unterschiedliche Schulen zur Wegweisung gibt es inzwischen nahezu so viele, wie es unterschiedliche Grundcharaktere, Intelligenzgrade und Ansätze zur Selbstfindung gibt. Zu jedem Topf gibt es einen passenden Deckel, und jeder kann das für sich Passende in dem Großangebot finden. Nur das Grundmuster dieser verlockenden Wegweisung ist immer dasselbe, gleich, ob es intellektuell oder volkstümlich nahegebracht wird.

Die Verkünder

Die Aussagen westöstlicher Religionen sind im Kern gemeinsames Gedankengut der klassischen fernöstlichen Religionen, von nahöstlichen religiösen und mystischen Bewegungen, von vergangenen Kulturen und von vielen neuen Bewegungen und Gruppen, die sich zu »New Age« (Neues Zeitalter) oder »Light-Age« (Lichtzeitalter) bekennen oder mit diesen sympathisieren, wobei jede Religion, Bewegung oder Gruppe eigene Prägungen hat.

Zu den klassischen fernöstlichen Religionen zählen die verschiedenen Ausformungen des Buddhismus, die vielen Richtungen des Hinduismus, die I-Ging-Lehren und der Taoismus. Nahöstliche alte und neuere religiöse und mystische Bewegungen sind die griechische Gnostik (geheime Erkenntnislehre), die jüdische Kabbala (Überlieferung mystischer Schriften) und der Sufismus als mystische Ausprägung des Islam. Zu den vergangenen Kulturen gehören die der Kelten und der südamerikanischen Indianer. Zu den modernen Bewegungen und Gruppen gehören u.a.:

- Theosophie,
- Anthroposophie,
- Rosenkreuzer,
- Humanistische Psychologie,
- Transpersonale Psychologie,

– Transzendentale Meditation (TM),
– Bhagwan- Bewegung (Bhagwan ließ sich 1987 zum Buddha Maitreya ausrufen),
– Krishna-Jünger,
– I am-Bewegung,
– Christliche Wissenschaft (Scientologie),
– Findhorn,
– Heimholungswerk.

Die Sprache der Verkündigung

In der westlichen Welt geschieht die Verkündigung dieser unterschiedlichen Religionen, Bewegungen und Gruppen mit fast denselben Begriffen und Begriffsinhalten. Hier stoßen wir auf einen ganz erstaunlichen Sachverhalt: Die überwiegende Mehrzahl der verwendeten Begriffe sind aus der Bibel entnommen. Die Begriffsinhalte sind jedoch alle umgewertet. Die wenigen neuen Begriffe dienen meist zur Begründung der Umwertung. Einige dieser neuen Begriffsinhalte sind:

– Glaube ist richtiges Erkennen (im Sinne von Wissen) göttlicher Geistgesetze und Nutzung derselben, um »Berge zu versetzen«.

– Gebet ist Kontaktaufnahme mit dem Göttlichen in sich selbst durch Meditation.

– Erlösung ist Selbsterlösung durch Bewußtseinserweiterung (Transformation).

– Licht ist lichtvolle Einsicht als Folge der Bewußtseinserweiterung.

– Erkenntnis ist wahre Selbsterkenntnis.

– Taufe ist Weihe zur Einführung in die Gemeinschaft der Eingeweihten (Invokation, Initation).

– Das Gute ist Bestandteil des Selbst.

– Das Böse ist Mangel an Selbsterkenntnis auf dem Weg zum Göttlichen und damit »Selbst- Verstümmelung« (Erich Fromm). Es ist Schein, der sich mit zunehmender Vervollkommnung auflösen wird.

– Der Tod ist Voraussetzung für die Weiterentwicklung der unsterblichen Seele. Er ist »die Bedingung für die Evolution« (Carl Friedrich von Weizsäcker).

– Wiedergeburt ist Wiederverkörperung, Reinkarnation der Seele.

– Liebe ist Nächstenliebe im Sinne der Liebe zu geistig und physisch Nahestehenden, und damit Auswahlliebe.

– Heilung ist Geistheilung durch dem Selbst innewohnende göttliche Kraft.

– Reich Gottes ist das Lichtzeitalter der göttlichen Menschen.

– Der Regenbogen ist das Zeichen des Neuen Zeitalters. Er ist die Brücke zwischen Mensch und kosmisch-göttlicher Energie und Weisheit.

– Frieden ist der Weltfrieden, angstfrei und waffenfrei.

– Versöhnung ist die Aussöhnung aller Menschen mit der ihnen innewohnenden göttlichen Seele.

– Dreieinigkeit ist die Zusammenfassung von vergänglichem, menschlich-materiellem Körper, der innewohnenden göttlichen Seele und deren Teilhabe an dem unendlichen, göttlich- kosmischen Geistgesetz.

– Gnade ist Erkenntnis all dieser Weisheit und die Einbeziehung des Selbst in den Prozeß der Vervollkommnung des Selbst und der Menschheit. Gnade ist damit letztlich Selbstbegnadigung.

– Gnadenbegabungen (Charismen) sind im Menschen angelegte kosmische Energien des göttlichen Geistgesetzes zur Geisterkenntnis, Geistheilung, Geistsprache, Prophetie usw.

Alle diese Inhalte kommen der Hochkonjunktur der Selbstfindung, Selbstannahme, Selbsterfahrung, Selbstliebe und Selbstverwirklichung entgegen. Sie sind Streicheleinheiten für das Ich. Sie bieten allen Menschen Heil, Erfüllung und Frieden an und decken das Urbedürfnis nach Religion. Mit ihnen kann sich der moderne westliche Mensch identifizieren. Er fühlt sich befreit von der »verklemmten, altväterlich-engen« Auslegung der Bibel als Offenbarung. Zudem sind diese Begriffsinhalte in sich logisch, also mit den menschlichen Denkgesetzen vereinbar.

In den siebziger Jahren haben Menschen aus meinem Freundeskreis und ich diese Begriffsinhalte unter denselben Voraussetzungen genauso angedacht, während in der Öffentlichkeit noch eifrig um die Thesen der revolutionären Neuen Linken und um den ideologischen Ost-West-Gegensatz gerungen wurde. Wir waren sicher, daß die Begriffsinhalte bald intellektuellen Ansprüchen suchender junger Menschen genügen würden und zum gemeinsamen Nenner für die meisten religiösen Menschen werden könnten. Es war für uns wahrscheinlich, daß zumindest die Reinkarnationslehre bald allgemein als die am besten durchdachte Alternative zum christlichen Glauben an die Auferstehung angenommen würde. Vorbildfiguren wie Albert Schweitzer hatten die Reinkarnationslehre schon früher als »höchst tröstliche Erklärung der Wirklichkeit« bezeichnet.

Astrologie, Wahrsagen und Kulthandlungen

Die uralten »Erfahrungen« der Menschen seit den orientalischen und indischen Frühkulturen mit der Wegweisung durch Sterne, die lange in ein schillerndes Zwielicht getaucht waren, dürfen nun auch wieder rehabilitiert auftauchen und erfreuen sich zunehmender Anerkennung. Es scheint doch vieles für sie zu sprechen. Viele Vorhersagen scheinen zu stimmen. Wenn das göttliche Geistgesetz des Kosmos sich im Menschen bewußt wird, müssen die Menschen doch auch in der Lage sein, Zusammenhänge zwischen Abläufen der Gestirne und Lebensläufen von Menschen zu entdecken und vorherzusagen. Dies erscheint logisch. Wenn das göttliche Geistgesetz in einer sichtbaren und unsichtbaren Welt regiert und in Menschen seine Energie freisetzt, muß doch Pendeln, Tischerücken und Geistheilung möglich sein. Wenn unsterbliche Seelen zwischen diesen Welten hin- und herwandern, muß doch auch das Gespräch mit Seelen im Jenseits möglich sein, dann muß es auch im Diesseits lebende Menschen geben, die »medial« begabt sind und kosmisches Wissen für die Zukunft vorhersagen können.

Sieht man die astrologische Weisheit vom aufkommenden Zeitalter des Wassermanns noch immer so abwegig? Das Symbol des Wassermanns steht für Freiheit von überholten, rückständigen Bindungen, für die Verbindung des Kosmos mit den Menschen und für die große Wende der Menschheit weg von dem einengenden Fische-Zeitalter, das gerade auslaufen soll. Ist es dann immer noch so verwunderlich, daß so viele Menschen den eingängigen Hit aus dem Musical »Hair« mitsingen?

»Harmonie und Recht und Klarheit
Sympathie und Licht und Wahrheit
Niemand wird die Freiheit knebeln
Niemand wird den Geist umnebeln
Mystik wird uns Einsicht schenken
und der Mensch lernt wieder denken
Dank dem Wassermann, dem Wassermann«.

Viele Prominente glauben an ihre Horoskope, gehen zu Wahrsagern und beteiligen sich an Kulthandlungen. Dann kann man ihnen doch beruhigt nachfolgen und das gleiche tun!

Auch ich beschäftigte mich in den siebziger Jahren mit der Logik der Astrologie, des Wahrsagens und Pendels, ließ Horoskope anfertigen und unterhielt mich mit Astrologen und Wahrsagern. Oft ließ ich mich bei Entscheidungen von Aussagen in Horoskopen beeinflussen und beurteilte Menschen auch nach ihren Sternbildern. Die Forderung der Starastrologin, Madame Tessier, nach Anerkennung der Astrologie als wissenschaftliche Disziplin an Universitäten und Hochschulen hielt ich zwar für verwegen, aber nicht für abwegig. Die Logik dieser Inhalte und Forderungen erschien mir mit den menschlichen Denkgesetzen vereinbar, wenn die biblische Offenbarung des persönlichen

Schöpfergottes und seiner Menschwerdung in Jesus Christus abgelehnt und zugleich das Urbedürfnis der Menschen nach Religion anerkannt wird. Die Befriedigung des Urbedürfnisses nach Religion beinhaltet auch die Anerkennung von unsichtbaren Kräften, zu denen ein Verbundenheits- oder Abhängigkeitsverhältnis besteht.

Die Rolle traditioneller christlicher Kirchen

Die traditionellen Kirchen suchen seit Beginn der Neuzeit die Nähe zu Problemen des Volkes, um ihre Verkündigung volksnah zu gestalten. Das ist eine große Chance und Versuchung zugleich. Die Tragik der traditionellen Kirchen ist, daß sie – mit einem gewissen Verzögerungseffekt – den Versuchen einer Volksnähe immer breiteren Raum geben. Tucholsky, der scharfzüngige Journalist und Schriftsteller der zwanziger und dreißiger Jahre, hat einmal gesagt, daß ihm die christlichen Volkskirchen vorkämen wie hechelnde Hunde, die immer dem jeweils aktuellen Zeitgeist nachjagten. Das ist ein drastischer, aber nicht ganz unberechtigter Vergleich.

Seit dem Aufstieg des Humanismus vor rund 400 Jahren laufen Vertreter der traditionellen Kirchen in Europa der verführerischen Faszination von Selbstfindung und Selbstverwirklichung des Menschen nach. Anfänglich war es der Blick auf den zahlenmäßig kleinen Kreis der humanistischen Bildungselite, der den Menschen zum Maßstab aller Dinge machte und die Willensfreiheit dieser Elite zur Gestaltung ihrer Welt hervorhob (Renaissance). Mit diesen Humanisten wie Erasmus von Rotterdam versuchten sich Kirchenmänner zu arrangieren. Im 18. und 19. Jahrhundert folgten die Herausforderungen der Aufklärung und liberalen Freiheit zum Entkommen der Menschen aus ihrer Unmündigkeit durch Denken. Der in der Bibel offenbarte Schöpfergott wurde zum denkbaren Gott reduziert, und es entstanden die Wurzeln der liberalen Theologie. Ansprechpartner wurde der schon größere Kreis des Bürgertums. Der Höhenflug der Selbstbefreiung der Menschen ging weiter zu Karl Marx, der die Menschen aufrief, sich nicht mehr um Gott als illusionäre Sonne zu drehen, sondern sich um sich selbst als wahre Sonne zu bewegen.[3] Mit Karl Marx und Friedrich Engels entstand der breite Sockel der sozialistischen Arbeiterbewegung. Bei dem Versuch vieler Kirchenvertreter, diese wieder der Kirche zuzuführen, entstanden die Wurzeln theologischer Richtungen zur revolutionären Befreiung von Menschen.

Diese wenigen Hinweise mögen genügen. Wichtig ist, daß jede solcher Bemühungen die Versuchung einschloß, von der reinen Offenbarung der Bibel abzuweichen, sie umzuformen und neue Inhalte in sie hineinzulegen. Diese Versuchung besteht heute mehr denn je.

In den siebziger Jahren wunderte ich mich, warum Kirchenvertreter immer wieder Ideologien nachliefen und sie sich zu eigen machten. Bei meiner Voreingenommenheit gegenüber allem Kirchlichen empfand ich diese Edellinksliberalen, Edelsozialisten und Edelkommunisten in Talar und Kutte als unecht. Sie waren für mich noch unechter als die – wie sie etikettiert wurden – systemkonformen Pfarrer und Priester, die wenigstens zugaben, daß ihnen auch am sicheren Einkommen im höheren Dienst mit Pensionsgarantie gelegen war und daß ihnen westlicher Wohlstand in relativer Freiheit nicht ganz unwillkommen kam. Mein innerer Widerstand gegen die etablierten Kirchen war damals groß, und ich teilte ihn mit vielen jungen Erwachsenen. Wenn ich dennoch öfters Kirchen besuchte, stellte ich fest, daß die Edelideologen nie richtig beim »Volk« der Volkskirchen ankamen. Es blieben immer kirchliche Minderheiten, die sich um sie scharten.

Allerdings ahnten meine damaligen Freunde und ich den gemeinsamen Nenner, auf den sich all diese kirchlichen Edelideologen vermutlich einigen könnten. Wir sahen eine Art Überideologie am Horizont, die als gemeinsames Dach für alle Befreiungs- und Weltverbesserungsideologien dienen und als friedenbringende Heilslehre beim

Volk ankommen könnte, nämlich die Annahme, Verkirchlichung und Verkündigung westöstlicher Heilslehren im wissenschaftlichen und im volkstümlichen Kleid.

Sehr viele Menschen der westlichen Welt schauen einerseits mit Wohlwollen auf das freundliche Gesicht der propagierten friedlichen neuen Welt der Menschheit. Andererseits haben sie Angst vor den schrecklichen Entwicklungsmöglichkeiten einer entfesselten Technik. Wer ihnen diese Angst ausreden kann, hat bald die ganze Menschheit gewonnen. Genau das ist die Zielrichtung der vielen Bücher, Rundfunk- und Fernsehsendungen, Seminare und Kurse, die die »Ohrwurm-Leitbilder« zur Selbstentfaltung des Guten, des Höheren, des machbaren Glücks, der göttlichen Vervollkommnung usw. nahebringen, meist in Verbindung mit populären Inhalten aus menschenfreundlichen westöstlichen Religionen. Wer möchte sich schon der verheißenen Angstfreiheit entziehen?

Diese neue Volksbewegung wurde in den letzten Jahren auch von den Kirchen wahrgenommen, und viele Kirchenvertreter jagen ihr nun nach, um sie für sich einzufangen. Ein Blick auf so manche Schaukästen vor Kirchen genügt, um zu sehen, welch ein Wechsel in den Kursangeboten und Bücherempfehlungen stattgefunden hat. Doch damit nicht genug. Es sind Pfarrer, die Bücher schreiben mit Titeln wie:

– So hast Du mehr vom Leben,
– Die Kraft des positiven Denkens,
– Begeisterung wirkt Wunder.

Einer der Star-Autoren ist der amerikanische Pastor Norman Vincent Peale. Er hat inzwischen auch deutsche Nachahmer. Ihre Leitsätze lauten zum Beispiel:

– Es geht, und ich kann es!
– Ich vertraue auf meine inneren Kräfte und bin überzeugt von meinen Fähigkeiten.
– Erfolgreich bist du, wenn deine Seele zufrieden in deinem Selbst ruht.

Viele katholische und evangelische Christen haben die

Sorge, daß diese »positive Selbsterhöhung« der Menschen mit »diesseitig-positiv« umgewandelten biblischen Begriffen als Botschaft in immer mehr Gemeinden Eingang findet. Möglicherweise wird dann so manche bisher leere Kirche wieder voll. Nur hat der Schöpfergott der Bibel keinen Platz mehr in ihr. Dabei hätten viele Gemeinden bei der wiedererwachten Religiosität die historisch einmalige Chance, das immer junge, rein leuchtende Evangelium, die Geschichte Gottes mit jedem einzelnen Menschen in der Welt und die umfassende Heilsgeschichte für die Welt glaubwürdig zu vermitteln. Doch dazu bedarf es tief gläubiger Pfarrer und Laien, deren Zahl leider abnimmt, während die Zahl der vermeintlich Wissenden in den Kirchen steigt.

Neue Wissenschaft

Für die mit gutem Gewissen wieder religiösen Menschen, die das Urbedürfnis nach Religion nicht nur decken, sondern bei den geglaubten Inhalten auch sichergehen wollen, werden neue wissenschaftliche Aussagen ebenso zur kräftig sprudelnden Quelle religiöser Selbstsicherheit. Seit 400 Jahren sind wir aufgeklärten Menschen in der westlichen Welt zunehmend wissenschaftsgläubig geworden. Daher liegt es nahe, die Wissenschaft zu fragen, ob das, was wir glauben, auch wissenschaftlich vertretbar ist. Von den großen Wissenschaftlern dieses Jahrhunderts haben wir gehört, daß es keine festgefügte, unwiderlegbare letzte wissenschaftliche Wahrheit gibt. Unser rationaler Verstand ist begrenzt. Wir müssen anerkennen, daß »jedes Wort oder jeder Begriff, so klar er uns auch scheinen mag, doch nur einen begrenzten Anwendungsbereich hat«. Das sagte der Physiker und Entdecker der Quantentheorie, Werner Heisenberg.[4] »Wissenschaftliche Theorien können niemals eine vollständige und definitive Beschreibung der Wirklichkeit liefern«, meint sein Schüler Fritjof Capra.[5] Von dem Philosophen Karl Popper haben wir ähnliche Feststellungen schon gehört. Das klingt nach wissenschaftlicher Bescheidenheit. Aber was kann dann Wissenschaft?

Sie bietet Annäherungen an letzte Wirklichkeiten im wissenschaftlichen Prozeß, also gewissermaßen vorletzte Wahrheiten, die einen hohen Grad an Wahrscheinlichkeit und »großer Erklärungskraft« (Karl Popper) haben.

Im weiteren Schritt stoßen wir auf einen erstaunlichen Sachverhalt in unserer modernen, wissenschaftsgläubigen Zeit, der Ende der siebziger Jahre vorsichtig ans Tageslicht trat und seitdem immer mehr an Bedeutung gewinnt. Wissenschaften, die früher den Atheismus zu unterstützen schienen oder sich sehr reserviert neutral gaben, verlassen den Raum des Unglaubens und werden religiös. Glaubensinhalte stehen am Anfang oder Ende von Beweisketten und werden einfach als wissenschaftliche Erkenntnisse vereinnahmt. Wo bleibt da die wissenschaftliche Bescheidenheit? Waren es anfänglich nur einzelne Wissenschaftler, denen eher der Hauch des Exoten, des interessanten Außenseiters anhing, so sind es gegenwärtig ganze Scharen von Wissenschaftlern, die Annahmen und Ergebnisse zur Unterstützung von Religionsinhalten liefern, und damit die Nachfrage nach wissenschaftlicher Verwertbarkeit solcher Inhalte decken. Zunächst waren es Psychologen, die in der Tiefe der Seele liegende religiöse Bindungen entdeckten. Dann gesellten sich Naturwissenschaftler und Mediziner hinzu. Neuerdings fügen sich auch Volks- und Betriebswirtschaftler in die Reihe ein. So erleben wir Höhenflüge vieler Wissenschaftler aus den verschiedensten Disziplinen, die behaupten, das Verborgene hinter dem vordergründig Sichtbaren und Erkennbaren ergründen und der staunenden Menschheit vermitteln zu können. Einige Beispiele mögen dies belegen.

Physik und Geist

Vor einiger Zeit hielt Fritjof Capra einen Vortrag in einem der größten Hörsäle der Bonner Universität zur Vorstellung seines Buches »Das neue Denken«. Was die Zahlen angeht, schlug er jeden Zuhörerrekord; schließlich eilt ihm ein fast legendärer Ruf voraus.

»Capras weltweit diskutierte Thesen faszinieren, weil sie Wege zur Überwindung der heute bestehenden Krisen beschreiben« (Bild der Wissenschaft). Er ist »einer der führenden Interpreten des wissenschaftlich-ganzheitlichen Denkens« (Bayerischer Rundfunk), und er »eröffnet Zusammenhänge, die uns das Staunen lehren« (Süddeutscher Rundfunk).

Capra und andere Physiker, die für sich wissenschaftlich-ganzheitliches Denken in Anspruch nehmen, sagen ihren Zuhörern und Lesern sinngemäß folgendes: Die sichtbare materielle Wirklichkeit ist nur Schein; sie besteht letztlich aus subatomaren Energieteilchen (Quanten oder Quarks), die von Geist geformt und zusammengesetzt werden. Das entspricht der Quantentheorie Heisenbergs und ist inzwischen wissenschaftlich unstrittig. Es stimmt als Annäherung an letzte Wirklichkeiten. Der Materialismus ist endgültig tot. Hinter allem Sichtbaren, Anfaßbaren liegt eine unsichtbare Geistwelt. Geist formt die Materie!

Was das bedeutet? Die gesamten Ergebnisse des wissenschaftlichen rationalen Materialismus können eingestampft werden! Das gilt ebenso für die rational- materialistischen Tischbeine des Sozialismus wie des Liberalismus. Diese Tische wackeln. Auf ihnen zu servieren, wird riskant, denn das, was für die Materie gilt, gilt auch für den Menschen. Die Tischbeine müssen ersetzt werden. Wir kommen noch darauf. Feuerbach und nach ihm ganze Sozialistengenerationen behaupteten vereinfachend: »Der Mensch ist, was er ißt.« Das stimmt nicht und hat nie gestimmt. Der Mensch ist vielmehr, wessen Geistes Kind er ist.

Doch hier kommt der Knackpunkt. Welcher Geist ist es, der die Materie formt und auch den Menschen? Ist es der Geist Gottes, oder gibt es einen anderen Geist? Der Geist des Schöpfergottes ist höchst unpopulär. Also muß doch ein anderer Geist zu finden sein.

Wo kann er gesucht werden? Mesonen, die Zerfallsprodukte der kleinsten subatomaren Mengeneinheit (Quark), pendeln ständig zwischen Materie und Antimaterie hin und her.

Kann bei ihnen der Geist gesucht werden? Neutrinos, die bei der Fusion von Atomkernen entstehen, durchdringen praktisch widerstandslos auch härteste Stoffe wie Stahl oder Diamanten in Lichtgeschwindigkeit, also dreihunderttausend Kilometer in der Sekunde. Haben sie etwas mit dem gesuchten Geist zu tun? Hinter der Funktionsweise der zehn Milliarden Neuronen in unserem Gehirn stehen viele Fragezeichen. Wir kennen sie kaum. Sind etwa diese Neuronen mit ordnendem Geist in Verbindung zu bringen? Wissenschaftler bewegen sich bei Versuchen zur Erklärung solcher Phänomene in einer Grauzone zwischen ahnen, vermuten und wissen. Aber Erklärungen, auch nur als Annäherungswissen, gibt es nicht. Dann wundert man sich schon, wenn man Fritjof Capras Behauptung liest: »Biologische Strukturen sind Manifestationen des Geistes. Weiten wir nun diese Art zu denken auf das Universum als Ganzes aus, dann sind . . . alle seine Strukturen – von den subatomaren Teilchen zu den Galaxien und von den Bakterien bis zu den Menschen – Manifestationen der universalen Dynamik der Selbstorganisation, also des kosmischen Geistes.«[6] Das ist ziemlich kompliziert geschrieben. Aber eines ist doch nun klar: Kosmischer Geist ist Selbstorganisation! Das bestätigt Capra auch an anderer Stelle, wo er schreibt: »Geist und Selbstorganisation sind nur unterschiedliche Aspekte ein und desselben Phänomens, des Phänomens des Lebens.«[7] Also kosmischer Geist = Selbstorganisation = Leben.

Der ordnende Geist allen Seins und Lebens ist erkannt. Der kosmische Geist wohnt in den subatomaren Teilchen und damit auch in den Mesonen, Neutrinos und Neuronen ebenso wie in den Sternen, in den Bakterien ebenso wie in den Menschen, und er organisiert sich selbst zu Strukturen alles Sichtbaren und allen Lebens. Das ist doch das kosmische Geistgesetz, das wir als »das Göttliche« in den west-östlichen Religionen kennengelernt haben! Und was ist laut Capra Leben? Leben ist beständiger Wandel in einem Tod-Wiedergeburt-Prozeß.[8] Damit bestätigt Capra die Reinkarnationslehre. Menschen, die diese Bewußtseinsstufe erreichen, »haben die neue Sicht der Wirklichkeit, die aus der modernen Physik entsteht und eine ganzheitliche und ökologische Schau ist«[9]. Nun sind der unpopuläre biblische Schöpfergott und sein Evangelium endgültig wegargumentiert.

Nur müssen sich Fritjof Capra und viele andere Physiker fragen lassen: Wo bleibt die wissenschaftliche Bescheidenheit? Hatte nicht Capra selbst festgestellt, daß wissenschaftliche Theorien niemals eine vollständige und definitive Beschreibung der Wirklichkeit liefern können?[5] Welche Qualität wird wissenschaftlichen Feststellungen wirklich beigemessen? Hier wird doch die moderne Physik zum Vehikel für Behauptungen religiösen Inhalts gemacht. Hier wird die Wissenschaftsgläubigkeit nicht überwunden, sondern durch transrationale Inhalte vertieft. Die rationalen Denkgrenzen werden überschritten. Nicht Beweisbares wird als wissenschaftliche Erkenntnis verkauft. Wissenschaft bietet sich an, um religiöse Inhalte zu belegen, oder wird zum Religionsersatz. Sie wird verzaubert zur Magie.

Medizin und Sterben

Die Medizinerin und Sterbeforscherin Elisabeth Kübler-Ross hat nicht nur eine große Anhängerschaft in der westlichen Welt, die bis zu Krankenhauspfarrern reicht; sie ist ebenso eine Leitfigur für viele Wissenschaftler in der Medizin, Psychologie und Sterbeforschung. Sie schreibt folgendes: »Sterben gehört untrennbar zum Leben. . . . Ein jeder muß sterben, ob reich oder arm, berühmt oder unbekannt. . . . Die Guten sterben ebenso wie die Schlechten.«[10]

»Jedes einzelne menschliche Wesen, das auf dieser Erde geboren wird, hat die Fähigkeit, eine einzigartige und besondere Persönlichkeit zu werden, unähnlich allen, die zuvor existiert haben oder existieren werden.«[11] Damit hat sie recht und ist wissenschaftlich äußerst bescheiden. Jeder Mensch kann nicht nur eine einzigartige Persönlichkeit *werden*, er *ist* sie schon. Jeder Mensch besteht nämlich aus bis zu einhundert Billionen (eine Billion = tausend Milliarden) Zellen ohne Berücksichtigung der Blutzellen und der zehn Milliarden Nervenzellen (Neuronen) im Gehirn.[12] In jeder dieser Zellen ist ein DNS-Makromolekül mit rund hundert Milliarden Informationen über den jeweiligen Menschen mit genau derselben Zuordnungsstruktur, die nur zu diesem Menschen gehört. So hat jeder Mensch sein ureigenes Programm und ist ein originales Geschöpf. Genau identische Programme gibt es nicht einmal bei eineiigen Zwillingen. Diese Erkenntnisse können heute als wissenschaftlich abgesichert gelten.

Mit weiteren Behauptungen aber verläßt Elisabeth Kübler-Ross die wissenschaftliche Bescheidenheit. Sie schreibt: »Es ist von wesentlicher Bedeutung, sich des Lichtes, der Kraft und der Stärke in uns selber bewußt zu werden und zu lernen, diese inneren Kraftquellen im Dienst an der eigenen Reife und an der Reife anderer zu benutzen.«[13] Dies führt, so Kübler-Ross, zur Selbstverwirklichung. »Es gibt keinen totalen Tod, nur der Körper stirbt. Das Selbst oder der Geist oder wie immer du es bezeichnen willst, ist ewig ...«[14] »Durch die Verpflichtung zur persönlichen Reife werden Menschen auch ihren Beitrag zur Reife und Entwicklung, zur Evolution der ganzen Spezies leisten, damit sie zu all dem wird, was die Menschheit zu sein vermag ... Der Tod ist der Schlüssel zu dieser Evolution.«[15] Damit sind wir wieder beim Ausgangspunkt der Selbstverwirklichung und der Reinkarnationslehre. Es klingt alles sehr tröstlich und lieb, was Elisabeth Kübler-Ross sagt, nur sind diese Behauptungen keine Ergebnisse medizinischer Wissenschaft oder der Sterbeforschung, sondern beinhalten religiöse Aussagen. Es ist – positiv ausgedrückt – die »Synthese von Humanwissenschaften und Religion«[16] oder, nüchterner, heute gängiger Mißbrauch wissenschftlicher Kompetenz. Wiederum wird die Wissenschaftsgläubigkeit benutzt, um religiöse Inhalte zu vermitteln.

In einem Playboy-Interview beruft sich Elisabeth Kübler-Ross auch auf übernatürliche, also nichtwissenschaftliche Quellen, aus denen ihr folgende Enthüllungen zuteil geworden seien: »Gott schafft jeden Menschen, damit dieser seine Bestimmung in einem Leben erfüllt, doch nur wenige werden diesem Anspruch gerecht – vielleicht einer unter einer Milliarde. Die kürzeste Zeitspanne zwischen der Erschaffung des Menschen und seiner Rückkehr zu Gott lag bei 43 Jahren. Die längste Spanne beträgt bisher zwei Millionen Jahre, und die betreffende Person befindet sich noch immer in diesem Universum und hat das Ziel noch nicht erreicht.«[17] Bei solchen Enthüllungen drängt sich die Frage auf, von welchem Gott diese Enthüllungen sprechen. Der biblische Schöpfergott kann es nicht sein, denn solche Aussagen sind mit der Bibel nicht in Einklang zu bringen. Ist einer der »Götter« der Reinkarnationslehre und der Seelenevolution die Informationsquelle, oder ist die Quelle das göttliche Geistgesetz, das gnadenlos Reifeleistungen bewertet? Dann wären wir wieder beim himmlischen Computer.

Biologie, Chemie und Selbstorganisation allen Lebens

Ein letztes Beispiel mag ein Schlaglicht auf gegenwärtige wissenschaftliche Geisteshaltungen und Selbstverständnisse werfen. Bruno Vollmert, Polymerchemiker in Karlsruhe, schreibt in seinem Buch »Das Molekül und das Leben«: »Eine Von-selbst-Entstehung des Lebens der ersten Zellen in Ursuppen und der vielen Arten im Laufe der Erdgeschichte ohne Von-selbst-Entstehung der zugehörigen DNS-Makromoleküle ist unmöglich. . . . Folgende Fragen lassen sich auf der Basis experimentell gesicherter Erkenntnisse der Makromolekularen Chemie beantworten:

1. Konnten unter den Bedingungen der frühen Erde Makromoleküle von selbst entstehen?
2. Konnte unter den Bedingungen der lebenden Zelle im Laufe der Erdgeschichte eine Polymerkette mit 30.000 bis 50.000 verschiedenen Strukturelementen in bestimmter Reihenfolge von selbst ... entstehen?

Wenn die Antwort ›Nein‹ heißt, läßt sich daraus der Schluß ziehen, daß auch Lebewesen nicht von selbst entstehen konnten, denn ohne Makromoleküle konnte und kann irdisches Leben nicht entstehen, und ohne DNS-Kette mit 40.000 Genen ... konnten die Arten vom Einzelligen bis zu den Säugetieren nicht entstehen. ... So einfach und zwingend die Schlußfolgerung: ›Also konnte auch Leben nicht von selbst entstehen‹ ist, so unbefriedigend ist sie für den Naturwissenschaftler und den im naturwissenschaftlich-technischen Zeitalter Aufgewachsenen. ... Das Thema ›Leben‹ sprengt eindeutig den Rahmen der exakten Naturwissenschaften. Darwins Weg endet im Weglosen ganz unvorstellbar geringer Wahrscheinlichkeiten im Bereich von kleiner als $1 : 10^{1000}$ (10^{1000} ist eine namenlose Zahl: eine Eins mit tausend Nullen – 10^{83} ist die Zahl der Atome des gesamten Universums!).«[18] Auf die Frage, ob DNS-Makromoleküle nicht nach einem Mechanismus selbst entstanden sein könnten, den wir heute noch nicht kennen, stellt Bruno Vollmert fest: »Nach einem solchen heute noch unbekannten Mechanismus zu suchen, ist genauso aussichtslos wie die Suche nach einem Perpetuum mobile«[19], einem Gerät, das ohne Energiezufuhr dauernd Arbeit leistet, was physikalisch unmöglich ist.

Hier begegnen wir wieder wissenschaftlicher Bescheidenheit, wie wir sie bei Heisenberg kennengelernt haben. Doch Vollmert beschreibt auch die Reaktion auf solche Bescheidenheit in seinem Buch: »Der bloße Gedanke daran, daß es einen lenkenden Einfluß auf die Evolution geben könnte, bringt manche Forscher zur Weißglut, weil sie fürchten, wir könnten zum Glauben an einen göttlichen Plan zurückkehren.«[20] An anderer Stelle fährt er fort: »Die durch Erweiterung des Darwinschen Entwicklungsgedankens auf das gesamte Universum entstandene Evolutionstheorie ist nämlich heute eine weltweit im Denken von Biologen, Philosophen und Theologen verankerte und durch Wissenschaftsmagazine, Wissenschaftsbeilagen von Tages- und Wochenzeitungen und Fernsehsendungen bis in die entlegenste Dorfschule getragene Weltanschauung geworden.«[21] Erfreulicherweise, so stellt Vollmert fest, wird der Anspruch der Evolutionstheorie, naturwissenschaftliche Erkenntnis zu sein, von der Mehrzahl der Chemiker und Physiker nicht geteilt. Doch »bei Diskussionen nach Vorträgen im Hörsaal oder im Rundfunk oder Aufsätzen in Zeitschriften ... hört die Sachlichkeit aber schon bei Biologen auf, und man wird gern als Kreationist verdächtigt«.[22]

Kreationist ist inzwischen zum Schimpfwort geworden. Es bezeichnet Vertreter einer Lehre, die als Ursprung der Welt und des Lebendigen einen Schöpfungsvorgang nahelegen, wie er in der Bibel beschrieben ist, und zwar in einem uneingeschränkt wörtlichen Sinne, Vertreter der Evolutionslehre – der Selbstorganisation eines solchen Lebens – kritisieren eine solche »Naivität«. Doch die Evolution als wissenschaftliche Grundannahme für Selbstschöpfung und -organisation ist heute nicht mehr auf die Biologie, auf Humanwissenschaften und manche Geisteswissenschaften beschränkt, sondern auch zu einem wissenschaftlichen Prinzip in anderen Naturwissenschaften und in Sozialwissenschaften geworden. Hier stoßen wir auf die Rolle des Glaubens in einem neuen Selbstverständnis von Wissenschaft.

Neue Paradigmen in der Wissenschaft

Beim heutigen Selbstverständnis von Wissenschaft, wie es von vielen Wissenschaftlern vertreten wird, stoßen wir auf einen neuen Begriff: Paradigma. Er heißt übersetzt: Muster im Sinne von Schablone oder Schnittmuster. Es geht also um neue Schnittmuster, um neue Grundvoraussetzungen für wissenschaftliches Arbeiten und Erkennen.

Zu den wichtigsten früheren Paradigmen zählten zum Beispiel:	Folgende neue Paradigmen stehen diesen gegenüber:
1. Geist und Materie sind voneinander getrennt.	1. Geist formt die Materie.
2. Die materielle Welt funktioniert wie ein Uhrwerk.	2. Die Welt, das Leben und alle Dinge sind miteinander verwoben und vernetzt, so daß
3. Probleme sind nach Ursache und Wirkung zu lösen.	3. Ursachen- und Wirkungsbeziehungen vielfältig und häufig schwer erkennbar sind.
4. Wissenschaft kann nur exakt und experimentell betrieben werden.	4. Wissenschaft erlaubt die Einbeziehung geglaubter Inhalte als Erkenntnisquellen.

Die ersten drei neuen Grundvoraussetzungen (rechts) für wissenschaftliches Arbeiten sind klar. Sie sind notwendige Folgerungen aus der Überwindung des Materialismus und der Anerkennung vieler gegenseitiger Abhängigkeiten, wie sie zum Beispiel bei ökologischen Zusammenhängen und beim Umweltschutz offenkundig werden.

Das vierte Paradigma geht davon aus, daß die Trennung von Wissenschaft und Glaube künstlich ist. Es wird folgendes behauptet: »Glauben ist keineswegs ein Ersatz für Unwissenheit, sondern eine andere Struktur der Erkenntnis und letztlich auch eine andere Fähigkeit des menschlichen Geistes, die aber in unmittelbarer Nähe des Wissens liegt. Beides ist die Annahme eines Erkenntnisinhaltes.«[23] Zwei Wege zu Erkenntnisinhalten werden dargelegt: Wissen kann man selbst wahrnehmen, verstehen und für richtig halten, oder man kann es von solchen Menschen übernehmen, von deren Glaubwürdigkeit man überzeugt ist. »Glauben bietet also die Möglichkeit, das Wissen noch etwas aufzustocken.«[24] Glaubensinhalte werden damit zu wissenschaftlichen Erkenntnisinhalten. Solche für richtig gehaltene Glaubensinhalte in wissenschaftlichem Kleid sind zum Beispiel das unsichtbare kosmische Geistgesetz, das sich zu allem, was sichtbar ist, selbst organisiert, und das sich im Menschen als höchster Ausformung der Selbstorganisation auch selbst bewußt wird. Das ist zwar nicht wissenschaftlich exakt beweisbar, aber es ist zur Zeit die Theorie mit der »größten Erklärungskraft« (Karl Popper). Damit billigt Philosoph Karl Popper einer zielgerichteten Evolution (Selbstorganisation) die größte Erklärungskraft[25] zu.

Karl Popper gilt als glaubwürdig, ebenso Fritjof Capra, Elisabeth Kübler-Ross und viele andere Wissenschaftler, die ähnliche Erkenntnisse vermitteln. Glaubwürdig ist damit, um dies noch einmal zu verdeutlichen, daß kosmischer Geist = Selbstorganisation = Leben ist. Glaubwürdigkeit ist dann ebenso die Reinkarnationslehre als Tod-Wiedergeburt-Prozeß, wobei der Tod der Schlüssel zur Evolution ist. Glaubwürdig sind dann schließlich Wissenschaftler wie der Gehirnforscher Robert Livingston, der sagt, daß dem Menschen das Gute, die Humanität, angeboren sei, und diese Veranlagung wieder frei entwickelt werden müsse[26], oder der Nobelpreisträger Roger Sperry, der behauptet, der Mensch habe die Kraft, mit seiner Vorstellung, seinem Bewußtsein, die Wirklichkeit zu schaffen, die er dann auch erlebt.[27] So wird mit geglaubten Inhalten wissenschaftliches Wissen »aufgestockt« und als ganzheitliche wissenschaftliche Erkenntnis weitergegeben.

Den wissenschaftsgläubigen und wieder religiösen Menschen, die nach Bestätigung ihres Glaubens fragen, werden also auch Glaubensinhalte als Wissenschaft geboten, die sie dann als sicher glauben können. Damit bestätigt Wissenschaft wesentliche Glaubensinhalte westöstlicher Religionen. Ganzheitliches wissenschaftliches Denken bestätigt Religionen, die sich auch als kosmisch-ganzheitlich bezeichnen.

Dabei können sich Vertreter der ganzheitlichen Wissenschaft auf zwei wichtige wissenschaftliche Grundsätze berufen. Der eine ist das letzte große Paradigma, daß nämlich das »langfristige Paradigma die Summe der Erkenntnisse einer ganzen Epoche ist«[28], einschließlich der glaubwürdigen Erkenntnisse. Der andere ist die immer wieder betonte wissenschaftliche Bescheidenheit. Sie beinhaltet, daß alle wissenschaftlichen Ergebnisse nur vorläufig sind. Sie sind Annäherungen und vorletzte Wahrheiten. Daher ist Demut geboten, Demut vor dem göttlichen Geistgesetz im Kosmos und vor dessen Selbstorganisation in Natur und Mensch.

Andererseits beinhalten die ganzheitlichen wissenschaftlichen Annäherungen aber auch, daß die Menschen die höchste Ausformung und Entfaltung des göttlichen Geistgesetzes oder des kosmischen Geistes sind und die Menschen damit Anteil am göttlich-kosmischen Bewußtsein haben. Dies befähige sie, die neue Welt zu entwickeln und zu gestalten.

Ich nehme an, daß sich die Mehrzahl der Vertreter der ganzheitlichen Wissenschaften nicht bewußt ist, wie menschlich-selbstgefällig ihre Bescheidenheit angesichts der vertretenen wissenschaftlichen Erkenntnisse ist. Wäre hier nicht eine ernsthafte Selbstprüfung angebracht? Die Gefährdung mancher Wissenschaftler, sich in eitler, selbstgefälliger und damit falscher Demut zu sonnen, liegt auf der Hand. Die neuerdings oft in Wissenschaft und auch in der Politik zu hörende Kurzformel »Demut vor der Natur« verwandelt sich bei den dargelegten Wissenschaftsinhalten nämlich schnell in »Demut vor dem Menschen und damit sich selbst« als höchster Ausformung göttlich-kosmischen Geistes.

Auf dem Weg zur neuen Menschheit

Oft befriedigen Vertreter des neuen ganzheitlichen Wissenschaftsverständnisses nicht nur den Hunger nach Antworten wissenschaftsgläubiger Mitbürger, sondern sie setzen sich auch an die Spitze von Bewegungen, die das Selbstverständnis der Menschen als Schöpfer der neuen Welt beschreiben.

Zugleich beeinflussen sie damit politische Grundpositionen und Zukunftsaussagen. So hören die Besucher von Weiterbildungskursen, Symposien und Zukunftskonferenzen von Wissenschaftlern verschiedener Richtungen schon Erstaunliches über die zukünftigen Möglichkeiten der Menschen.

Die Menschen können, so wird behauptet, als Geistwesen und als höchste Ausformungen des göttlichen Geistgesetzes selbstverständlich auch kosmische Geistgesetze erkennen, und zwar durch Meditation und andere Methoden der Bewußtseinserweiterung, und sie können diese Geistgesetze benutzen. Diese Fähigkeit könne zum eigenen Vorteil, zum Vorteil von Gesellschaftsgruppen oder Firmen und auch zum Vorteil der ganzen Menschheit eingesetzt werden. Daraus folgt die Botschaft: Wer die Geistgesetze kennt, die die sichtbare Welt formen, der kann sich mit Hilfe dieser Gesetze auch seine eigene erfolgreiche und glückliche Zukunft selbst schaffen. Das »Gebet« wird zu einer Verordnung in die verborgene, unsichtbare Geistwelt hinein, die wie ein riesiges, göttliches Regelwerk funktioniert. Damit wird göttlich-kosmischer Geist zum Automaten degradiert, der wunschgemäß »gehorcht«. Der Mensch macht sich selbst zum göttlich handelnden Wesen.

Der nächste Schritt ist dann die Behauptung von Wissenschaftlern, die Menschheit könne ihre Weiterentwicklung selbst steuern. Die kommende Stufe der Selbstorganisation (Evolution) der Menschen sei »man-made«, vom Menschen selbst steuerbar. Das meinen inzwischen nicht nur Naturwissenschaftler und Psychologen, sondern auch Volkswirte, Unternehmens- und Politikberater. So sagt der aus der amerikanischen Managementschule kommende Unternehmensberater Gert Gerken in seinem Buch »Der neue Manager«, daß die Menschen die bisherigen geistigen Grenzen überwinden würden hin zu einem transpersonalen Bewußtsein.[29] Damit würden die »Selbstentfaltungswerte« (G. Gerken) der Menschheit zum Tragen kommen. Mit anderen Worten: Die Menschen würden immer mehr erkennen, daß sie Teilhaber des göttlich-guten, kosmischen Geistes seien. Dieses allen gemeinsame und damit einigende kosmische Bewußtsein bilde gewissermaßen das Dach über der Vielfalt liberaler Werte (Wertepluralismus) in Wirtschaft und Politik. Ein solches gemeinsames Bewußtsein könne dann Grundlage für die neue friedliche, wahrhaft humane Welt sein.

Andererseits hilft diese von Wissenschaftlern dargelegte Selbstentfaltung der Menschheit auch dem wissenschaftlichen Sozialismus aus seiner Verlegenheit. Das verlorene Standbein des rationalen Materialismus kann dort durch den einigenden kosmischen Geist ersetzt werden. Dieser Geist ist ja gut, und er lebt in allen Menschen. Den Menschen sei das Gute, die Humanität, angeboren, so der Gehirnforscher Livingston. Diese Anlage müsse nur wieder frei entwickelt werden. Wenn das so ist, kann die einigende Kraft des kosmisch guten Bewußtseins im Menschen zum kosmischen Sozialismus führen. Tatsächlich ist dies der geistige Hintergrund der gegenwärtigen Wertediskussion in der Sowjetunion im Gefolge von Perestroika. Sie hat den neuen »realen Humanismus«[30] der sozialistischen Gesellschaft zum Ziel und geht von den im Kern guten Menschen aus, die das kosmische Bewußtsein eint. Diese Menschen seien in der Lage, die wahrhaft humane, friedliche sozialistische Welt aufzubauen. Solche Thesen unterstützende esoterische Literatur ist seit einigen Jahren in der Sowjetunion sehr gefragt. Schon in den siebziger Jahren erwartete ich, wie mein damaliger Freundeskreis, daß sich bald eine kosmisch-geistige Brücke zwischen Liberalismus und Sozialismus bilden würde. Gegenwärtig wird an ihr gebaut, und sie wird wohl bald beschritten werden.

Auch die bisher eher konservativ-christlichen Parteien in Westeuropa werden wohl dieses neue Menschen- und

Zukunftsbild aufnehmen, wenn sie Volksparteien bleiben wollen. Die Verführungskraft der »positiv-humanen Botschaft« ist so groß, besonders wenn sie mit einer sanften, volksnahen Umdeutung und Umwertung biblischer Aussagen verbunden wird und so Eingang auch in christliche Kirchen findet. Dem werden sich diese Parteien nicht entziehen können. Einige ihrer führenden Köpfe bewegen sich schon in diese Richtung, wie wir im Eingangskapitel festgestellt haben. Zugleich zieren sie Zukunftskongresse über »Geist und Natur« mit ihrer Schirmherrschaft.

Zu einem nun fast weltweiten kosmisch-geistigen Einigungsfaktor ist die Ökologiebewegung herangewachsen. In ihr arbeiten ganzheitliche Wissenschaftler, die sich neuerdings auch ökologische Wissenschaftler nennen, besonders eng mit Vertretern ökologischer Politik zusammen. Ihnen gemeinsam ist der Ruf nach den ökologischen Menschen. Solche Menschen seien Träger kosmischen Bewußtseins und Garanten für die Schaffung einer neuen, geistig mündigen Menschheit.[31]

Folgende Merkmale werden ökologischen Menschen zugeordnet:

Sie seien

- die Spitze der menschlichen Selbstentfaltung,
- getragen von einer neuen Mitmenschlichkeit, Verständigungsbereitschaft, Anteilnahme und Geschwisterlichkeit,
- Träger einer umfassenden Verantwortung für Umwelt und Welt,
- geprägt von Spiritualität und Vernunft, von der Vereinigung östlicher Mystik und Naturreligionen mit westlicher Mystik und Befreiungstheologie sowie von der tiefen Kenntnis kosmischer Zusammenhänge.

Angesichts der vielen Zwiespältigkeiten auf unserer Welt ist dies ein erstaunlich optimistisches Menschenbild. Es mißt dem Menschen hohe ethische Qualitäten zu und erfüllt den Bedarf nach neuem Idealismus in einer nachmaterialistischen Welt. Es übt eine starke Anziehungskraft besonders auf junge Menschen aus, die gestalten oder alternative Zeichen setzen wollen. Dies schlägt sich auch in der ansteigenden Wählerschaft »grüner« oder »alternativer« Parteigruppierungen nieder.

Beim ökologischen Menschenbild treffen wir auf eine Neuausformung humanistischer Ideale. Es ist gewissermaßen ein »ökologischer Humanismus«, wie er auch von Spitzenleuten in der UNO gefordert wird. Einer ihrer Direktoren und Politikberater hat vor kurzem festgestellt: »Die Welt ist auf der Suche nach einer neuen Ideologie, nach einer neuen Spiritualität und einer Vision für die Zukunft . . . Harmonie mit unserer Erde, Harmonie und Brüderlichkeit zwischen allen Bevölkerungsgruppen der Erde . . . Harmonie und Selbstverwirklichung des einzelnen, als das höchste Ziel all unserer Bemühungen.«[32] Das ökologische Menschenbild ist eine Antwort auf diese Wünsche.

Zugleich ist es aber auch die am weitesten gehende Vorstellung zur Selbstentfaltung und Selbstverwirklichung der Menschen am Ende des zwanzigsten Jahrhunderts. Dem modernen, göttlichen Menschen werden Konturen gegeben. An ihn knüpft sich Zukunftshoffnung.

Neue Hoffnung gleich alte Hoffnung

Philosophischer und politischer Idealismus und Humanismus haben in der Geschichte der Menschheit immer wieder ähnliche humanistische Idealbilder hervorgebracht. Hierüber gibt es einschlägige Literatur für diejenigen, die mehr wissen möchten.[33] Sie zeigt, daß zum Beispiel der Humanismus des sechzehnten bis achtzehnten Jahrhunderts schon genauso in der griechischen Antike gedacht wurde. Sie weist auch nach, daß die Vorstellung vom ökologischen Menschen nicht grundsätzlich neu ist. Sie wurde bereits vor rund zweitausend Jahren von Philosophen der spät-griechischen Kultur, die den Stoikern zugeordnet werden, fast genauso formuliert.

Diese Philosophen (zum Beispiel Zenon von Tarsos) gingen von dem göttlich- kosmischen Geistgesetz aus, dessen höchste Selbstorganisation der Mensch sei. Dieser Mensch habe teil am göttlich-guten Geist, der ihm eine entsprechende Gestaltungskraft vermittele. Auch übe er weltweite Brüderlichkeit mit im Kern guten Menschen. Östliche Religionsinhalte einschließlich Wiederverkörperung der Seele verbinde er mit griechischer Vernunft. Das heutige ökologische Menschenbild hat lediglich ein modernes Gewand bekommen. Die neue Hoffnung ist eine alte Menschheitshoffnung. Auch der geistige Anspruch ist derselbe, damals und heute. Eine alte biblische Weisheit lautet: »Es gibt nichts Neues unter der Sonne. Was gewesen ist, das wird wieder sein; was getan wurde, das wird wieder getan. ›Sieh her‹, sagen sie, ›da ist etwas Neues!‹ Unsinn! Es ist schon einmal dagewesen, lange bevor wir geboren wurden.«[34] Der Sehnsucht vieler Menschen nach einer guten Welt entspringen von alters her humane Idealbilder. Auch ich lief bis zum inneren Zusammenbruch humanistischen Idealen zur Selbstverwirklichung des Guten in mir in Verbindung mit westöstlichen Religionsinhalten nach. Oft bedrückte mich die Kluft zwischen idealem Anspruch und gelebtem Egoismus. Dies führte zur tiefen Enttäuschung über das eigene Unvermögen. So erlebte ich an mir selber, wie trügerisch hochtrabende Hoffnungen auf Mitwirkung bei der Verbesserung der Welt aus meinem eigenen menschlichen Leistungsvermögen sind.

Zwischenbilanz: Die sechs Behauptungen

Der Aufbruch in eine neue Zeit und der Entwicklungssprung in eine neue humane, harmonische und angstfreie Welt werden zunehmend proklamiert. Die Bausteine der ganzheitlichen Wissenschaften für diese neue Welt liegen bereit. Sollte ein alter Menschheitstraum wahr werden?

Andererseits sehen wir die Janusköpfigkeit der heutigen Welt, verbunden mit der neuen Technik und die Ablenkungs- und Fluchtmechanismen der Menschen, aber auch ihre Sehnsüchte und Wunschvorstellungen zur Lebensbewältigung bis hin zum ökologischen Menschenbild.

Ich- Verwirklichung, Sinnerfüllung durch leicht einsehbare Inhalte, positives Denken und Gutsein mit ausgeblendetem Bösen, Entwicklung des höheren Selbst, kosmisch-göttliche Weisheit, Erfolg im Leben und Verharmlosung des Sterbens sind heutige Ansprüche, die von Menschen der westlichen Welt auf die ganze Menschheit übergreifen, soweit diese relativ wohlhabend ist. Dabei wird das Urbedürfnis nach Religion erfüllt.

Erfüllungshilfen sind die westöstlichen Religionen, alte Kulte, sowie ganzheitliche Wissenschaften und Philosophien. Ihre Angebote werden wie Mosaiksteine zu dem faszinierenden Wunschbild der neuen Menschen in einer Welt zusammengesetzt.

Dieses Wunschbild gleicht einem Kristall mit sechs Facetten. Diese Facetten, Glaubenssätze oder Behauptungen erscheinen annehmbar, einleuchtend und logisch für Menschen, die seiner Majestät, dem Ich, dienen. Das war vor unserer Zeitrechnung nach der Überwindung des rationalen Materialismus so, und das ist heute so.

Die sechs Behauptungen

Alle dargestellten alten und modernen Lehren und Religionen enthalten mit unterschiedlichen Schwerpunkten sechs Behauptungen oder Glaubenssätze, die den Wünschen der Menschen entgegenkommen. Für die sechste Behauptung gilt dies eingeschränkt, wenn sie auch immer mehr Anhänger findet und an Bedeutung gewinnt. Die sechs Glaubenssätze können wie folgt zusammengefaßt werden:

1. Alles ist gut, auch der Mensch. Das Göttliche lebt in allem, dem Kosmos, der Erde, den Pflanzen, den Tieren und den Menschen. Alles ist eines und letztlich göttlich gut. Auch das scheinbar Böse ist letztlich gut, da es das wirklich Gute verdeutlicht.

2. Der Mensch kann sich in Stufen hin zum Göttlichen entwickeln. In der unsterblichen Seele ist das Gute enthalten, das es zu erkennen und zu verwirklichen gilt. Diese Läuterung geschieht stufenweise in vielen Wiederverkörperungen (Reinkarnationen) der Seele, die sich zu ihrem göttlichen Bewußtsein umwandelt (transformiert).

3. Der Tod ist gut. Der Tod des Leibes ist notwendig, damit sich die ewige Lebensseele auf ihrem Läuterungsweg besser wiederverkörpern kann, bis sie sich völlig ihrer Göttlichkeit bewußt ist oder im göttlich-kosmischen Bewußtsein aufgehen kann.

4. Liebe ist Zuwendung nach eigener Wahl. Nächstenliebe ist die Liebe zu geistig Nahestehenden. Damit ist sie Auswahlliebe. Die Seele, die sich auf dem Weg zunehmender Erkenntnis befindet, wendet sich zur Höherentwicklung erleuchteten Menschen zu. Sie betreibt Auswahlliebe mit dem Ziel der Selbstvervollkommnung. Wechselnde Partner können somit auch der Selbstverwirklichung der Seele zum Göttlichen dienen.

5. Jeder Mensch ist begnadet. Der Mensch ist begnadet, da er das Göttliche in sich trägt, das nur verwirklicht werden muß. Seine Erleuchtung hängt von dem Grad dieser Verwirklichung ab und ist Maßstab der erreichten Gnadenfülle.

6. Der erste Meister aller guten Meister und Lehrer der Menschen wird der Maitreya (Meister) Christus sein. Vielfach wiederverkörperte Seelen haben den Zustand hoher Erleuchtung erreicht. Sie sind Meister der Weisheit und der Erkenntnis. Ihr erster Meister, Maitreya Christus, wird erwartet. Er wird die Menschen zur göttlichen Selbstverwirklichung führen.

Die letzte Behauptung wird, wie schon gesagt, nicht von allen, aber von den meisten modernen westöstlichen Religionen aufgestellt, einschließlich derjenigen mit wissenschaftlichem Kleid, wie der Anthroposophie und der Transzendentalen Meditation. Manche dieser Religionen erwarten den gesalbten Meister (Christus heißt »der Gesalbte«) schon in naher Zukunft. Doch auch diese Erwartung ist nicht neu. Sie ist schon in alten Geheimlehren, z.B. in antiken gnostischen Lehren, zu finden.

Wunschfahrplan der Vermessenheit?

Die sechs Behauptungen sind gängige, moderne Glaubensüberzeugungen vieler, insbesondere junger Menschen. Sie entsprechen dem Wunschfahrplan für scheinbar erfülltes Leben, nämlich
- das Ich zu verwirklichen,
- gut zu sein und liebevoll nach Auswahl,
- selbst gerecht zu sein,
- erfolgreich und begnadet aus sich selbst heraus zu leben,
- den Tod als harmlos zu erkennen,
- für sich selbst Gutes und Böses zu wissen,
- dabei das Böse als Schein abtun zu können und
- die neue, humane und friedliche Welt zu erwarten, die ein Optimum an Selbstverwirklichung ermöglicht.

Die Baumeister dieser neuen Welt, die »göttlichen Menschen«, befinden sich im Vormarsch. Aber sind sie nicht auf einem vermessenen Weg? Haben sie nicht schon die den Menschen gesetzten Grenzen des Denkens, Erkennens und Handelns überschritten?

Hat die Bibel doch recht mit dem, was sie über diese so klugen und »begnadet« selbstgerechten Baumeister und Menschen schreibt? »Sie bildeten sich etwas auf ihre Klugheit ein, aber in Wirklichkeit wurden sie zu Narren. ... Weil diese Menschen es für unnötig hielten, nach Gott zu fragen und ihn ernst zu nehmen, hat Gott sie ihrem untauglichen Verstand überlassen.«[35]

II. Grenzen

Grenzen der Wissenschaft – Grenzen der Menschen

Es ist heute attraktiv, sich bis zum Göttlichen hin als unbegrenzt zu empfinden. Grenzen für unser Denken, Erkennen und Handeln sind uns unbequem.

Dabei zeigen die Ergebnisse der modernen Naturwissenschaften, soweit sie exakt bleiben, also nicht durch Glaubensinhalte aufgestockt werden, ganz eindeutige Grenzen der Menschen. Diese Grenzen wurden schon bei den Griechen vor mehr als zweitausend Jahren angedacht. Heute sind sie experimentell untermauert. Hinter ihnen beginnt das Fragen ohne klare Antworten. Alle bisherigen Antworten auf solche Fragen haben sich als Hypothesen, Annahmen, Spekulationen oder Glaubensinhalte erwiesen. Hinter den Grenzen beginnt Glaube.

Materie und Geist

Der Materialismus ist inzwischen tot. Wir wissen: Hinter allem Sichtbaren liegt eine unsichtbare Geistwelt. Geist formt die Materie. Diesen Geist wollen wir nun mit unserem Denken erfassen. Wir philosophieren. Wir wollen wissen, wie und wodurch die Dinge sind. Aber stoßen wir hier nicht an die erste große Grenze?

Wir wissen, daß wir Menschen in Materie, Raum und Zeit hineingeboren sind, das heißt in die Dimensionen Länge, Breite und Höhe, eingebunden in einen Zeitablauf. Das gilt auch für die rund zehn Milliarden Gehirnzellen, die Neuronen, mit denen wir denken und erkennen. Sie sind Materie, und nach Ablauf unserer Zeit sterben sie mit uns. Eigentlich sollten wir Menschen schon hieraus den Schluß ziehen, daß unser Denken und Erkennen von Materie, Raum und Zeit begrenzt werden. Aber tun wir das? Wenden wir uns zunächst einmal den Grenzen der Materie zu und untersuchen, wie weit wir erkennen können.

Wir nehmen einen schönen goldenen Ring und gehen in ein hochmodernes, physikalisches Labor. Dort unterteilen wir den Ring, bis es nicht mehr weitergeht. Wir kommen zum Atom und dann in die subatomare Welt. Seit der Quantentheorie von Heisenberg wissen wir, daß die subatomare Welt aus Energieteilchen (Quanten) besteht. Bei ihnen hört die Materie auf. Da ist nichts mehr greifbar. Sie sind einfach ein Quantum, ein Maß an Aktivität. Ungeordnete Aktivität ist Chaos. Erst Geist ordnet und organisiert diese Energieteilchen so, daß sie Materie werden können. Erst so werden sie zu winzig feinen Teilchen, aus denen Gold entsteht, das zu einem Ring geformt werden kann. Aber auch die ganze Vielfalt unserer Welt und allen Lebens beruht auf Energieteilchen, die von Geist geformt und geordnet wurden und werden. Sie bilden die Elemente als Bausteine aller Stoffe und die Zellen als Bausteine des Lebenden. Das können wir erkennen.

Doch nun beginnen die Fragen. Wer oder was hat die ungeordnete Aktivität, die Energie, geschaffen? Hat sie sich selbst erzeugt? Wer oder was hat sie so programmiert, daß diese enorme Vielfalt des Sichtbaren und des Lebens entstanden ist? Hat sie sich selbst entsprechend informiert und gestaltet? Auf solche Fragen gibt es bis heute keine gesicherten wissenschaftlichen Antworten. Es werden Vermutungen angestellt, auch wenn sie oft in das Kleid von Behauptungen gesteckt werden.

Wir können aber auch anders herum fragen. Haben Sie schon einmal ein Fahrrad, ein Auto oder gar ein Flugzeug gesehen, das sich selbst konstruiert hat? Nein! In einem Flugzeug stecken viele Millionen Informationen des Konstrukteurs, bis es gebaut ist und funktioniert. Und dann soll sich ein Lebensbaustein wie ein DNS-Makromolekül mit rund hundert Milliarden Informationen selbst konstruiert haben? Das ist unmöglich. Und ein solches Molekül ist wieder nur ein winziger Baustein für die vielfältigsten Formen des Lebens!

Doch alles Lebende stirbt einmal, zerfällt, löst sich auf. Ebenso können Elemente zerfallen; sie setzen wieder Energieteilchen frei. Geschieht das gebündelt und in Bruchteilen von Sekunden, dann sind dies Explosionen mit ungeheurer Gewalt, z.B. bei Atom- und Wasserstoffbomben. Riesige Mengen an Energieteilchen in Form von Hitze werden freigesetzt. Sie haben eine chaotische Zerstörungskraft. Die Bibel sagt uns, daß die Welt einmal so vergehen wird, daß die Elemente in Hitze zerschmelzen werden.[36] Jahrhundertelang wurde diese Aussage der Bibel von den Klugen der Welt belächelt. Nach den ersten Explosionen von Atombomben im Jahr 1945 wurde sie ernst genommen. Die Menschen gerieten an die Grenzen ihrer eigenen Existenz. Auch weniger Kluge erkannten nun, daß die Elemente, die Bausteine der Welt, keine sichere Grundlage bilden.

Geist formt die Materie und löst sie durch Informationen, die er gibt, auf. Informationen können sich nicht selbst informieren. Hinter ihnen muß ein Informator sein, der alles weiß, kennt und überblickt.

Wer diese Gedanken zu Ende denkt, wird eingestehen, daß kein Mensch über solche enorme Informationsfülle verfügt, sondern daß unser Erkennen und unser Informationsvermögen dort aufhören, wo Materie aufhört und wo der Informationen gebende Geist beginnt.[37] Genau hier beginnt Glaube. Und Glaube ist eben kein Bestandteil der Wissenschaft, der Wissen und Erkenntnis aufstockt, wie von ganzheitlichen Wissenschaftlern behauptet wird.

Was Glaube ist, sagt die Bibel so: »Der Glaube aber ist die Verwirklichung dessen, was man hofft, ein Überführtsein von Dingen, die man nicht sieht.«[38]

Die Grenze zwischen Erkennen und Glauben wird in der Bibel ebenso beschrieben: »Durch Glauben verstehen wir . . ., daß das Sichtbare nicht aus Dingen geworden ist, die mit den Sinnen wahrgenommen werden können.«[39]

Wer bereit ist, dies zuzugeben, übt wahre Bescheidenheit. Wahre Demut ist, sich vor dem obersten Informator, vor dem Schöpfer, zu beugen. Die moderne »Demut vor der Natur« ist Mißachtung des Schöpfers. In der Natur achten und ehren wir vielmehr ihren Schöpfer. Wir sollten sorgsam pflegend mit ihr umgehen, denn sie ist gewissermaßen ein Darlehen Gottes an uns Menschen. Bei ihrer Pflege sollten wir unsere Grenzen beachten. Wenn wir sie überspringen, beginnen wir zu zerstören.

Raum und Unendlichkeit

Die erste große Grenze am Ende der materiellen Welt haben wir kennengelernt. Die zweite werden wir an der Grenze des Raumes entdecken. Materie und Raum hängen eng zusammen. Sie bedingen einander. Materie nimmt Raum ein, solange sie Materie ist. Wird Materie aufgelöst in geordnete Energie, zum Beispiel in Lichtwellen, dann nimmt sie keinen Raum mehr ein. Hierher gehört auch das Neutrino, das wir früher schon einmal kennengelernt haben. Es ist eine für Menschen bisher unbegreifbare raumlose Aktivität, die mit Lichtgeschwindigkeit (300.000 Kilometer in der Sekunde) unbehindert auch durch dickste Hindernisse wie Beton- oder Stahlblöcke hindurchsaust, ohne irgendwie gebremst zu werden. Es nimmt eben keinen Raum ein.

Isaak Newton, der große Physiker Ende des 17./Anfang des 18. Jahrhunderts, meinte noch, daß es einen festen Raum mit bestimmter Länge, Breite und Höhe, also einen absoluten Raum gebe. In unserem Alltagsleben gehen wir Menschen auch heute von derselben Überzeugung aus. Aber sie stimmt nicht. Es gibt keinen absoluten Raum. Einsteins Relativitätstheorie zeigt uns vielmehr, daß es keine absolut gleichbleibenden Körper im Weltraum gibt.

Nehmen wir zum Beispiel wieder den goldenen Ring, den wir vorher in Energieteilchen zerlegt haben. Wenn dieser Ring mit hoher Geschwindigkeit, sagen wir, mit halber

Lichtgeschwindigkeit, transportiert würde, dann wäre er kleiner. Der Ring hat nur unter den vorgegebenen Bedingungen, in die wir Menschen auf der Erde hineingeboren sind, eine feste Größe. Unter anderen Bedingungen würde sich die Größe des Ringes ändern, ohne daß etwas an ihm verändert würde. Also ist sie eine relative Größe. So können wir uns auch nur hier auf der Erde ein festes Bild von dem Ring machen. Unter anderen Weltraumbedingungen würde dieses Bild nicht mehr gelten.

Was bedeutet das? Der Raum, also die Ausdehnung von Körpern, von Materie, von Häusern zum Beispiel, die wir Menschen sehen, messen oder bewohnen, ist nur eine spezielle Menschensicht auf der Erde. Sie gilt nicht mehr im Universum unter anderen Bedingungen. Also können wir auch nicht mit unseren speziellen irdischen Maßen das Weltall messen oder gar erfassen. Noch komplizierter würde ein solches Unterfangen, wenn wir einbeziehen, daß es im Weltraum keine Geraden gibt. Der Raum ist gekrümmt. Auch das hat Albert Einstein entdeckt. Das, was für uns gerade Linien sind, wird im Weltraum zu symmetrischen oder verbeulten Kreisen oder Elypsen. Anfang ist möglicherweise gleich Ende. Wir wissen es nicht. Doch dies soll hier nicht vertieft werden. Darüber gibt es inzwischen relativ leicht lesbare Literatur.[40]

Wesentlich für uns ist, daß wir Menschen deshalb auch nicht wissen können, wo das Universum aufhört. Es gibt viele Theorien von Astronomen, die letztlich wiederum alle nur Hypothesen oder Spekulationen sind. Sicher wissen wir nichts. Wir können nur sagen, daß das Universum irgendwo im Unendlichen irgendwie aufhört. Und dort wird, wenn wir diese Grenze des menschlichen Erkennens akzeptieren, eine Nahtstelle zum unendlich gestaltenden Geist liegen.

Ebenso ist unsere spezielle menschliche Raumsicht im subatomaren Bereich der Energiequanten nicht anwendbar, wie wir am Eingang dieses Kapitels festgestellt haben. Dort gibt es viele noch räumliche Teilchen (Partikel), die aber auch raumlos (Wellen) sein können.[41] Damit stoßen wir wieder auf etwas ohne Anfang und ohne Ende, auf etwas Endloses. Dort wird ebenso eine Nahtstelle zum Wirken des unendlich gestaltenden Geistes liegen.

Hinter diesen Nahtstellen arbeitet der große Architekt, der Raumgestalter, der für geordnete Materie in größten wie in kleinsten Räumen auch die passenden Formen und die jeweils richtigen Räume geschaffen hat und schafft, und der die Grenzen zum Unendlichen gezogen hat und zieht. Wer endliche Räume ins Unendliche baut, der muß selbst unendlich sein.

Oder können Sie sich einen Stein vorstellen, der den Bauplan liest und danach ein Haus baut, dessen Bestandteil er ist? Können Sie sich ein Zahnrädchen vorstellen, das den Konstruktionsplan eines Motors liest und nach ihm einen Motor herstellt, in den es selbst nur eingebaut ist? Nein! Es bedarf eines Architekten oder Konstrukteurs, der das Gesamtwerk überblickt. So ist es auch mit Materie und Raum und deren Grenzen. Nur derjenige, der das ganze Endliche und Unendliche, das wir nicht kennen, überschaut, kann auch die Teile gestalten, ändern und wieder herauslösen; kann Endliches und Unendliches voneinander abgrenzen.

Der bekannte Naturwissenschaftler James Jeans hat das so ausgedrückt: »Die modernen naturwissenschaftlichen Theorien zwingen uns zu der Vorstellung eines Schöpfers, der außerhalb von Raum und Zeit arbeitet, ebenso wie ein Künstler sich außerhalb seiner Leinwand befindet.«[42]

Dieser Schöpfer außerhalb des Raumes muß aber zugleich jedem kleinsten Teilchen seiner Schöpfung ganz nah sein, denn Materie in endlichen Räumen und Unendliches zieht sich durch die ganze Natur von der subatomaren Welt bis über den Kosmos hinaus. Das entspricht genau der Darstellung des Schöpfers in der Bibel, an den die Christen glauben. Der Schöpfungsbericht gleich am Anfang der Bibel beginnt damit, daß Gott *die* Himmel und die Erde schuf.[43] In der Bibel lesen wir, daß Gott der Schöpfer der

Gestirne ist und alle Sterne ihren Schöpfer kennen und ihm Achtung entgegenbringen[44], daß sie von ihm verändert werden[45], und daß sie endlich sind[46]. Dasselbe sagt uns die Bibel auch über die Erde: »Du, Herr, hast am Anfang die Erde gegründet, und die Himmel sind Werk deiner Hände, sie werden untergehen, du aber bleibst, und sie alle werden veralten wie ein Kleid, und wie einen Mantel wirst du sie zusammenrollen, und sie werden wie ein Kleid gewechselt werden. Du aber bist der ewig Unveränderliche.«[47]

Von jenem Schöpfer sagte James Jeans, daß er der Herr außerhalb von Raum und Zeit ist, und daß er Energie und Materie gestaltet, verändert und auflöst. Die Bibel berichtet auch davon, daß dieser Herr, dieser Schöpfer, zugleich allgegenwärtig ist, also auch in seiner ganzen Schöpfung und damit auch in und auf unserer Erde, und daß er alles sieht, hört, weiß und führt. »Wohin soll ich gehen vor deinem Geist, wohin fliehen vor deinem Angesicht? Stiege ich zum Himmel hinauf, so bist du da. Bettete ich mich bei den Toten, siehe, du bist da ... Nicht verborgen war mein Gebein vor dir, als ich gemacht wurde im Verborgenen. Mein Ungeformtes sahen deine Augen.«[48] Hier wird uns doch ein Schöpfer vorgestellt, der allgegenwärtig ist, der alles beherrscht einschließlich der ungeformten Energie. Dieser Gott ist nicht an Materie und Raum gebunden. Er ist gleichzeitig ganz fern und ganz nah. Er steht gewissermaßen neben uns, und wir können uns direkt zu ihm hinwenden und ihn ansprechen. Er ist da. Doch wir können uns kein Bild von ihm machen.

Ein Gott, ein Schöpfer, der raumlos, unendlich, allgegenwärtig und materieloser Geist ist, kann eben nicht in Bildern eingefangen und dargestellt werden. Deshalb lautet in der Bibel das zweite Gebot: »Fertige dir kein Gottesbild an.«[49] Demgegenüber sind fast alle Religionen – eine Ausnahme ist der Islam – mit einer Vielzahl von Götterfiguren und -bildern verbunden. Diese »Götter« werden in Raum und Materie gepreßt und vermenschlicht. Sie sind

Menschengötter, indem sie materie- und raumgebunden gemacht werden. Sie sind endlich. Damit sind alle diese Götterbilder der Jahrtausende sichtbarer Ausdruck der Flucht der Menschen vor dem raumlos-unendlichen und allgegenwärtigen Geist Gottes, wie ihn die Bibel bezeugt. Sie wollen Götter zum Anfassen mit menschlichen Dimensionen. Nur mit Gott haben diese Bilder nichts gemeinsam, auch wenn sie noch so schön, gruselig oder phantastisch sind.

Ebenso gottfern ist es, wenn sich raum- und materiegebundene Menschen göttlich machen. Auch das zieht sich durch die ganze Menschheitsgeschichte bis zur Gegenwart. Große Beispiele hierfür sind der Gott-Pharao, der Gott-Kaiser Augustus und seine Nachfolger, der Gott-Kaiser Japans oder der Gott-Herrscher Tibets, der Dalai Lama. Dies sind alles Menschenversuche, die Grenzen des Endlichen hinauszuschieben und zu durchbrechen.

So gehören auch alle Vorstellungen von dem »all is one«-Kosmos, der sich selbst plant und entwickelt und der sich im Menschen seiner selbst bewußt wird, zu denselben Grenzverschiebungen und Durchbrechungen. Die Lehre von der biologischen und kosmischen Selbstschöpfung soll verwischen, daß dies alles geschaffen ist. Die Lehre von der seelischen Evolution verspricht den Menschen Unendlichkeit und damit den Sprung aus der Begrenztheit in Materie und Raum. Das gilt von der Seelenwanderung des Dalai Lama bis zu den Wiederverkörperungslehren aller west-östlichen Religionen.

Alle diese Grenzübertritte sind und bleiben mißglückte Versuche. Die zweite große Begrenzung jedes einzelnen Menschen, nämlich die im endlichen Raum, bleibt bestehen. Aus der Sicht des Gottes der Bibel ist jeder Versuch zum Grenzübertritt Narrentum. Gott hat diese Menschen »ihrem untauglichen Verstand überlassen«[35].

Die dritte große Grenze der Menschen ist ihre Einbindung in die Zeit. Die moderne Physik sagt uns, daß Zeit eine Funktion von Raum und Materie ist. Mit anderen Worten heißt das, wo Materie geformt im Raum vorhanden ist, da gibt es auch die Zeit. Ohne Materie und Raum gibt es keine Zeit. Da ist Zeitlosigkeit; da ist Ewigkeit.

Wir Menschen empfinden Zeit als einen geraden Verlauf von der Vergangenheit über die Gegenwart in die Zukunft. So lehren wir Geschichte, leben den gegenwärtigen Moment und machen Pläne und Prognosen für die Zukunft. Wir Menschen als materiell-räumliche Wesen sind in diese Zeit hineingeboren. Wir messen sie in Sekunden, Stunden, Jahren, Jahrhunderten, Jahrtausenden, Jahrmillionen. Für uns sind das ganz feste Zeiteinheiten. Sie sind meßbar und damit absolut. Doch sind sie das wirklich?

Wiederum war es Albert Einstein, der uns gezeigt hat, daß nicht nur der Raum, sondern auch die Zeit relativ ist. Unter anderen Bedingungen läuft die Zeit anders, und unter einer Bedingung hört sie auf, Zeit zu sein.

Nehmen wir wieder unseren goldenen Ring. Gestern hat ihn die Braut ihrem Mann vor dem Standesbeamten an den Finger gesteckt. Ihnen beiden ist eine außergewöhnliche Hochzeitsreise geschenkt worden. Sie machen ab heute für ein Jahr einen Ausflug in den Weltraum. Ihr Raumschiff, das die Fähigkeit hat, fast Lichtgeschwindigkeit zu erreichen, begibt sich auf eine Flugroute in unser Milchstraßensystem, zu dem unsere Sonne und ihre Planeten, auch die Erde, gehören. Gemessen an der von Menschen angenommenen Ausdehnung des Weltraums mit Jahrmillionen Lichtjahren ist ein Jahr Flugzeit nahe Lichtgeschwindigkeit ein kurzer Ausflug.

Sie fliegen los. Sie messen die Tageszeit mit ihrer Uhr und die Jahreszeit mit dem Kalender. Kaum haben sie ihre Höchstgeschwindigkeit erreicht, ist der Ring am Ringfinger kleiner geworden. Doch der Ehemann merkt das nicht.

Der Ring drückt nicht, denn auch der Mann und alles am und im Raumschiff, alle räumlich geformte Materie ist kleiner geworden. Die Uhr läuft für die Insassen des Raumschiffs ganz normal. In Wirklichkeit läuft sie jedoch hundertmal langsamer als auf der Erde. Mit zunehmender Geschwindigkeit wird nämlich die Zeit langsamer, und der Zeitmesser läuft entsprechend langsamer.

Nach einem Jahr, der mitgenommene Jahresvorrat an Lebensmitteln hat gerade gereicht, landen sie wieder auf der Erde. Doch welches Erstaunen erwartet sie dort. Auf der Erde sind hundert Jahre vergangen. Von den Hochzeitsgästen lebt keiner mehr. Auch deren Kinder sind schon gestorben. Die Rückkehrer können nur noch die Enkel ihrer Hochzeitsgäste besuchen, und sie selbst sind nur ein Jahr älter geworden.

Alles weitere kann sich jeder Leser selbst ausmalen. (Diese Geschichte ist die Abwandlung einer bildhaften Darlegung des Physikers Pascual Jordan über das Zeitverhalten bei einer Weltraumfahrt.[50])

Wäre nun das Raumschiff genau mit Lichtgeschwindigkeit geflogen, so wäre die Uhr stehengeblieben. Mit dem Erreichen der Lichtgeschwindigkeit endet nämlich unsere irdische Zeit. An dieser Nahtstelle beginnt die Ewigkeit, die für uns Menschen unmeßbar, nicht erfaßbar ist. Eine theoretische Winzigkeit über Lichtgeschwindigkeit würde in zeitlos ewiges Sein reichen, das für uns Menschen verschlossen ist.

Doch auch die Zeit, die wir eben noch messen können, verläuft nicht gerade. Licht wird nämlich durch große Massen, zum Beispiel durch große Sterne, in seinem Verlauf abgelenkt. Sein Lauf wird gekrümmt, und mit ihm die Zeit. So verläuft die Zeit gekrümmt, nämlich in Kurven.[51] Vielleicht verläuft sie ebenso wie Raumlinien in symmetrischen oder ausgebeulten Kreisen oder Ellipsen? Wir wissen es nicht. Vielleicht endet sie am Anfang? Wir wissen es nicht. So weit, nur so weit reicht das konkrete, nachprüfbare Wissen der modernen Physik. Alle weiterreichenden

Aussagen sind wiederum nur Hypothesen oder Spekulationen.

Ein Nobelpreisträger der Physik hat sogar die Zeitumkehr-Theorie entwickelt, eine Theorie über rückwärts laufende Zeit. So behauptet er, daß bestimmte Energiequanten in der subatomaren Welt, zum Beispiel Positronen, sich in der Zeit rückwärts bewegen, daß also »ihre Uhr rückwärts läuft«. Sie bewegten sich in die Vergangenheit.[52] Es wäre hier zu verwirrend, die verschiedenen Relativitäten, Seltsamkeiten von Zeitverläufen noch weiter zu behandeln. Wichtig ist an dieser Stelle, daß der für uns Menschen scheinbar geradlinige Verlauf der Zeit in der Weltraumwirklichkeit nicht besteht. Vielmehr verläuft die Zeit in Kurven und endet bei Lichtgeschwindigkeit in der Ewigkeit. Das ist die dritte große Erkenntnisgrenze der Menschen.

Gottes Wort, die Bibel, kennt diese Grenzen ganz genau. Was sagt der Gott der Bibel über sich? Er stellt sich vor als Jahwe[53], das heißt »Ich bin, der ich bin«, völlig zeitlos, oder an anderer Stelle als derjenige, »der Anfang und das Ende«[54] überblickt. Gott hat das Licht geschaffen. Das steht gleich am Anfang der Bibel.[55] Bestandteil des Lichtes ist dessen Geschwindigkeit in der Zeit. Damit ist Gott Herr der Ewigkeit und der Zeit. Er ist über beiden. Er ist der zeitlos ewig wirkende Geist, der unverändert derselbe ist und entsprechend handelt. Für ihn gibt es keine Vergangenheit, Gegenwart und Zukunft. Gewissermaßen »gleichzeitig« sieht er meine Urahnen, mich selbst und meine Urenkel, wenn ich welche haben sollte.

Ebenso wie er raumlos allgegenwärtig ist, so ist er auch zeitlos allgegenwärtig. Für ihn ist an jedem Punkt im Raum »hier« und für jeden Zeitpunkt früher, heute oder in hundert Jahren »jetzt«. Er ist da, in diesem Moment an dieser Stelle, und das um den ganzen Erdball herum und über das gesamte Weltall hinaus. Das können wir Menschen mit unserem begrenzten Verstand nicht begreifen. Das können wir nur glauben, und Glauben ist eine andere Gewißheit als Wissen.

Zugleich stellt sich der zeitlos ewige Gott der Bibel auch als derjenige vor, der ganz konkret in die Geschichte alles Geschaffenen souverän hineinwirkt, also in die Geschichte der Gestirne, in die der Völker, in die der Lebewesen und Dinge und in die Geschichte jedes einzelnen Menschen. Wie die Bibel sagt, ist jeder Mensch von Gott geschaffen, und Gott ist zugleich Herr der Zeit eines jeden Geschöpfes, der Geschichte eines jeden Menschen.

Damit finden wir Gott auch als den ständig Handelnden an der Nahtstelle zwischen Zeit und Ewigkeit, wo unser Erkennen aufhört. Dieses zeitlos ewige Wirken Gottes in unsere Menschenzeit hinein läßt uns nun auch Aussagen der Bibel über das »Vorherwissen« Gottes verstehen. Zum Beispiel sagte Gott zu Jeremia: »Ehe ich dich im Mutterschoß bildete, habe ich dich erkannt.«[56] Gott ist eben nicht an das Zeitverständnis der Menschen gebunden. Schließlich gehört Prophetie in der Bibel selbstverständlich zu Gott, wenn er als zeitlos Ewiger in die Menschenzeit hineinspricht oder hineinsprechen läßt.

Diese enormen Aussagen der Bibel über die Relativität der Zeit, an die sich die moderne Physik nur vorsichtig herantastet, zeigen mir immer wieder die eng gesteckten Grenzen menschlichen Erkennens auf. Ich staune über die Klarheit von Gottes Wort über Zeit und Ewigkeit, und ich erschauere vor der Größe Gottes nach der Bibel. Aber sind wir Menschen wirklich bereit, uns dieser Größe zu stellen? Die überwiegende Mehrzahl der Menschen ist es nicht, ebenso wenig wie ich hierzu in den siebziger Jahren bereit war.

Auch die Grenzen zwischen Zeit und Ewigkeit versuchen die Menschen immer wieder zu überspringen. Wie wir der Unendlichkeit mit Theorien zur biologischen und seelischen Evolution nahekommen wollen, so wollen wir auch in die Nähe der Ewigkeit rücken. Biologen, Geologen und Astronomen rechnen uns enorme Entwicklungszeiträume für alles Sichtbare vor. Viele Milliarden Jahre werden uns für die Entstehung des Kosmos präsentiert, und viele Milliarden Jahre für die Entwicklung der Erde. Bei der biologischen Selbstschöpfungslehre wird in Millionen bis zu einer Milliarde Jahre gerechnet, obwohl exakte Beweise fehlen.

Psychologen, Mediziner und Sterbeforscher, die von der Evolution der Seele ausgehen, sagen, daß die menschliche Seele aus der Ewigkeit komme und nach vielem Hin- und Herspringen zwischen dem Diesseits und Jenseits nach Tausenden bis Millionen Jahren wieder ganz in die Ewigkeit gehe. Das konkrete Leben der Menschen sei in einen kosmischen Plan mit riesig langen Zeiträumen einbezogen, der auf die Entwicklung der Menschheit hin zum Göttlichen ziele. Jedes Leben sei ein Beitrag zu dieser Entwicklung und habe damit Ewigkeitswert.

Astrologen ordnen die Herrschaft über die Zeit geschaffenen endlichen Gestirnen zu. Es ist schon ein erstaunlicher Vorgang, wenn es bei offiziellen Empfängen hoher Repräsentanten unseres Staates und unserer Gesellschaft als erfreuliche Abwechslung angesehen wird, dem Planeten Saturn als Herrscher der Zeit Referenzen zu erweisen. So habe ich es erlebt, und keiner der anwesenden Gäste war schokkiert, vielmehr wurden diese Ausführungen beklatscht.

Dies sind einige Beispiele von vielen, wie wir Menschen versuchen, die uns gesetzten ganz konkreten Zeitgrenzen zu verwischen und zu überspringen. Wäre es nicht sinnvoller, die uns zugeordnete Zeit als ein Geschenk, vielleicht besser noch als ein wertvolles Darlehen des Zeitgebers dankbar anzunehmen? Wäre es nicht sinnvoller, diese Zeit im Sinne des Schenkenden zu nutzen? Gott als der zeitlos ewige, gestaltende Geist hat dieser uns zugemessenen Zeit Sinn zugeordnet. So sagt er es uns in der Bibel. Sollten wir nicht mehr nach diesem Sinn fragen?

Sind Gottesbeweise möglich?

Dies ist eine letzte wichtige Frage, die wir uns in bezug auf die Grenzen der Menschen stellen müssen.

Als das erste sowjetische Raumschiff von einem Mondflug zurückkehrte, sagte einer der Astronauten eher spöttisch, er habe zwar den Himmel und die Erde gesehen, aber keinen Gott. Das sollte eine Art Negativbeweis sein, ein Beweis der Nichtexistenz Gottes. Mit dem, was der Astronaut gesehen hatte, hatte er recht, mit seinem Beweisversuch nicht. Der materielose, also immaterielle Gott, der Geistbeherrscher aller Materie, kann für menschliche Augen nicht sichtbar sein, wohl aber der gestirnte Himmel.

Nicht aus Spott, sondern mit gutem Willen, vielleicht mit ein wenig schlechtem Gewissen gegenüber Gott, haben Humanisten und Rationalisten von Erasmus von Rotterdam bis Immanuel Kant versucht, die Existenz Gottes rational zu beweisen. Trotz aller Bemühungen scheiterten sie. Es wurden immer wieder Zirkelschlüsse, bei denen sich die Katze in den Schwanz biß. Der immaterielle, unendliche und ewige Gott ist mit der Ratio, mit logischem Denken der Menschen, nicht erfaßbar. Er ist und bleibt der »Ich bin, der ich bin« außerhalb menschlicher Vernunft. Damit haben auch diese ehrlich gemeinten rationalen Beweisversuche nicht weitergeholfen. Es bleibt Bestandteil des Glaubens, daß Gott der Herr ist über alle Gestirne[57], über die Erde, über alle Dinge und über alles, was lebt[58]. Ebenso bleibt es Bestandteil des Glaubens, daß Gott gleichzeitig allgegenwärtig ist, daß für sein Wirken allezeit »jetzt« und überall »hier« ist. Die Bibel sagt: »Gott steht über allem. Er wirkt durch alle und in allen.«[59] Aus biblischer Sicht sind dann Darstellungen des Göttlichen in allem, wie dies in den westöstlichen Religionen geschieht, verführerische Imitationen. Von ihnen formulierte schöne Sätze wie »Gott ruht in den Steinen, lebt in den Pflanzen und wird sich bewußt in den Menschen« sind meisterhafte Fälschungen. Sie beschreiben oder beweisen Gott nicht.

Natürlich wirkt Gott auch in alles hinein. Als immaterieller, unendlicher und ewiger Geist ist er nicht durch die subatomare Welt oder den ganzen Kosmos in seinem Wirken begrenzt. Ganz sicher hat er aber keinen einzigen

Menschen nötig, um sich seiner bewußt zu werden. So, wie er die Menschen geschaffen hat, so könnte er sie auch wieder abschaffen. Und er hat die Menschen mit ihren Grenzen geschaffen, auch wenn wir sie immer wieder überspringen wollen. Er braucht keinen Menschen, um »geistreich« bewiesen zu werden. Er ist und bleibt, der er ist, mit und ohne Menschen. Wäre es dann nicht sinnvoller, unsere gesetzten Grenzen wirklich ernstzunehmen und positiv anzunehmen? Wäre es nicht sinnvoller, wenn wir nach dem guten Sinn dieser Grenzen fragten?

Die Grenzen von Raum, Zeit und Materie begrenzen auch unser persönliches Leben. In meinem beruflichen Umfeld kippen Jahr für Jahr viele 40 bis 60jährige Menschen um; es werden jedes Jahr mehr. Kreislaufkollaps, Herzinfarkt, Gehirnschlag, Magendurchbruch usw. lauten die Diagnosen. Unfälle aus Übermüdung werden häufiger. All dies sind Streßfolgen, von denen inzwischen auch Jüngere befallen werden.

Hier in der Bundeshauptstadt Bonn wollen viele Menschen ihre Grenzen überspringen. Sicher ist das in anderen Städten auch so, nur hier scheint es mir auf engem Raum besonders konzentriert zu sein. Diese Menschen betreiben Gehirn-doping. Sie wollen Höchstleistungsdenker und -arbeiter sein. Beim Spitzensport ist man über Doping entsetzt. In den oberen Etagen von Politik und Management gehören Arbeitssucht, Erfolgsstreben und deren medizinische Unterstützung zum guten Ton. Sie werden anerkannt und belohnt. In Wirklichkeit gehören sie zu den gesellschaftsfähigen Ablenkungsdrogen, die wir schon kennengelernt haben.

Inzwischen hat man für erfolgsbezogene Arbeitssucht einen passenden Begriff geprägt: Workoholic! An der Gleichsetzung mit Alkoholsucht ist etwas dran. Diese Menschen sind Sklaven der Arbeit und des Erfolgs geworden. Sie ertragen keine Arbeitspausen mehr. Sind solche absehbar, dann schaffen sie neue Arbeit und Termine an. Entspannung ist nur noch mit Beta- Blockern (Beruhigungsmittel) oder Alkohol möglich.

Wissen und Können sind Macht. Und Macht will man ausüben. Macht kann durch eine Hausmacht von Mitläufern und Abhängigen und durch Vitamin B = Beziehungen noch gefördert werden. Im Nacken sitzt die Angst vor Verlust an Macht und Einfluß. So gibt es in der Bundeshauptstadt viele Meister der linken Gehirnhälfte unter Vernachlässigung wertvoller Impulse der rechten Hälfte. Gehirnforscher haben festgestellt, daß die linke Gehirnhälfte zuständig ist für das rationale, intellektuelle, logische und wissenschaftliche Denken. Sie ist der ich-bezogene Kommandostand zur Durchsetzung eigener Ansprüche. Sie ist der Computer der rechten Gehirnhälfte. Die rechte Gehirnhälfte ist das Motivationszentrum für Herzensqualitäten wie Nächstenliebe oder Liebesarmut und Ich-Liebe, Güte oder Machtverlangen, Demut oder Hochmut, Frieden und Ruhe oder Ruhelosigkeit und Aggressivität. Alles intuitive Verlangen sowie alle Kreativität und Phantasie sind in der rechten Gehirnhälfte zu Hause. In ihr entstehen die Impulse für die linke Gehirnhälfte, die diese als Denkcomputer zu verwirklichen sucht. Bei Linkshändern ist es übrigens genau umgekehrt.[60]

Hier in Bonn scheinen besonders häufig diejenigen Impulse der rechten Gehirnhälfte gefördert, gepflegt und genutzt zu werden, die der Durchsetzung und Erhaltung von mehr Macht und Einfluß dienen. Dazu gehören überfüllte Terminkalender, mit aktuellem Wissen überfüllte Köpfe und überall Antreten zur und Ablaufen der Tagesordnung. Doch das halten viele Menschen nur eine begrenzte Zeit durch. Dann passieren Streßzusammenbrüche und -unfälle. Überfüllte Terminkalender und Köpfe können eben nicht auf Dauer erfülltes Leben ersetzen. Nach dem Umkippen kommen dann immer dieselben Fragen: War das alles? Wozu lebe ich eigentlich?

Auch diese Menschen haben ihre Grenzen überschritten. Sie haben mit der geschenkten physischen Kraft, den begrenzten Denkfähigkeiten und der ihnen zugemessenen Zeit Schindluder getrieben. Sie haben gegen Gott, gegen sich selbst und letztlich auch gegen den Mitmenschen gelebt. Gott hat sie »ihrem untauglich gewordenen Computer- Verstand überlassen«[61]. Doch wenn sie dann flachliegen, zu fragen beginnen und nach dem Umkippen – wenn es nicht ganz so schlimm war – wieder angeknackst aufstehen, dann sind sie besonders anfällig für die Beweise des Göttlichen in ihnen selbst, die ihnen von westöstlichen Religionen nahegebracht werden. Ihre linken Gehirnhälften sind auf wissenschaftliches Denken trainiert, und wissenschaftliche Deckmäntel religiöser Inhalte kommen an. Entsprechende Angebote steigen im Umfeld der Bundeshauptstadt ständig. Mancher Streßgeplagte ist nun auch geneigt, Lebenshilfen und Zukunftsstützen von Astrologen und Wahrsagern in Anspruch zu nehmen. Auch die Zahl der Anbieter solcher Dienstleistungen nimmt deutlich zu.

Doch es gibt hier auch Menschen mit anderen Lebensgeschichten, in allen Berufs- und Lebensbereichen, auch in den oberen Etagen. Sie tun ihre Arbeit wie die anderen, aber auffallend ruhiger, ohne Hetze, ohne überfüllten Terminkalender und viel weniger ichbezogen. Ihre Hausmacht ist die Nähe zum Gott der Bibel, und ihren Einfluß schöpfen sie aus dem Vertrauen auf das Wirken Gottes. Sie strahlen trotz häufigen Termindrucks Gelassenheit und freundliche Wärme aus, aber auch Festigkeit und Klarheit, ohne daß sie ihre Denkgrenzen überspringen.

Für mich sind diese Menschen der überzeugende Beweis für das Wirken Gottes mitten ins Leben, in die Geschichte von Menschen hinein. Für mich sind sie Zeugen dafür, daß Gott nicht nur der Schöpfer und der ständig wirkende allgegenwärtige Geist ist, sondern daß er sich auch um alle Belange derjenigen Menschen bis ins Detail kümmert, die ihn achten, sich zu ihm gewandt *haben* und ständig mit ihm leben.

Meine Frau und ich erfahren seit Jahren diese ständige Nähe und Fürsorge Gottes. Unser Leben ist dadurch nicht lauter »Freude, Friede, Eierkuchen«. Auch wir sind vielen

Schwierigkeiten und Engpässen ausgesetzt. Aber wir leben in einer früher nicht gekannten Geborgenheit und inneren Sicherheit. Persönlich erlebe ich in den letzten Jahren eine den ganzen Menschen umfassende Heilung. Früher führten Überaktivität und Hektik mit nachfolgenden Schwächephasen, Besitzsicherung, innere Unruhe und forsches Erfolgsstreben zu Krankheiten (zum Beispiel Magenschleimhaut- und Bauchspeicheldrüsenentzündung). Mit zunehmendem inneren Frieden werden Geist, Seele und Leib heil, und ich spüre eine tiefe Freude. Durch die psychische Entlastung und eine ausgeglichenere Lebensweise bin ich heute viel gesünder als früher.

Das eigene Erleben und das überzeugende Leben von Mitmenschen sind für uns Beweis genug für das Wirken Gottes. Wir brauchen nicht mehr in die Denkakrobatik rationaler, wissenschaftlicher oder theologischer Versuche zum Gottesbeweis einzusteigen. Wir haben Frieden mit unseren menschlichen Grenzen, denn – so sagt die Bibel – »jetzt sehen wir nur ein unklares Bild, wie in einem trüben Spiegel; dann aber stehen wir Gott gegenüber. Jetzt kennen wir ihn nur unvollkommen, dann aber werden wir ihn völlig erkennen, so wie er uns jetzt schon kennt«[62]. Den Weg zu einem Leben mit Gott hat uns Gott selbst gezeigt. Er steht in der Bibel, und er ist offen für jeden Menschen.

III. Gottes Antwort

Jenseits von Eden

Bei eigenem oder fremdem Leid wird häufig die Frage gestellt: »Wenn es einen guten Gott gibt, wie kann er dann dieses und jenes und all das sonstige Leid zulassen?« Viele Psychologen und Mediziner sagen heute, daß bis zu 90 % aller Krankheiten und Unfälle im Ursprung psychische Gründe haben. Wir wissen zum Beispiel, daß viele Krankheiten von Erwachsenen und Kindern durch kaputte Ehen entstehen, und daß viele Alleinstehende durch Einsamkeit krank werden. Viele Unfälle sind Folgen von Streß, Medikamenten- und Alkoholmißbrauch. Ebenso kennen wir als Krankheitsursachen Mangel an Geborgenheit, Starrsinn und Bosheit, unerfüllte Machtwünsche und Habgier, ausschweifender oder unnatürlicher Lebenswandel, Freudlosigkeit, Eßsucht, übertriebenes Streben nach äußerer Schönheit (Dauerbräune), verlorene Jugendlichkeit, Dauerunruhe und Vergnügungssucht. Private oder berufliche Bankrotterklärungen können Zerrissenheit, Lebensschwäche und Krankheiten zur Folge haben. Wie sehr eine private Bankrotterklärung niederwerfen kann, habe ich an mir selbst Anfang der achtziger Jahre erlebt.

Wenn das so ist, dann muß doch irgend etwas im Verhältnis von uns Menschen zum Lebensspender, zu Gott, nicht stimmen. Hängt das etwa mit unserer Abwendung von Gott zusammen? Gott ist, so sagt die Bibel, ein Gott des Heils und nicht des Unheils. Er will nicht, daß wir – aus welchem inneren Hader und Kummer auch immer – physisch krank werden. So muß doch das viele Unheil woanders herkommen. Auch auf diese Frage gibt uns die Bibel ganz präzise und einleuchtende Antworten. Wir müssen nur wirklich bereit sein, sie richtig zu lesen, ihr Glauben und Vertrauen entgegenzubringen.

Die linke Gehirnhälfte, der »Computer-Verstand«, nützt uns dabei wenig. Wer die biblische Offenbarung Gottes durch kritisches Denken und Wissen erfassen will, sie analytisch sezieren, kritisieren und bewerten will, der sollte das Lesen besser sein lassen und sich mit Philosophie befassen, denn so wird er die Bibel nie verstehen können. Gottes Wort ist im wahren Sinne des Wortes ganzheitlich. Es ist die Sprache des Herzens. Sie ist kreativ, intuitiv und lebendig. Sie kann nur von der rechten Gehirnhälfte erfaßt und erfahren werden, denn sie ist allem kritischen »Computer-Denken« vorgelagert. Gottes Wort spricht den Wesenskern von uns Menschen an, wo Vertrauen oder Mißtrauen, Liebe oder Haß, Vorsicht oder Arglist, Barmherzigkeit oder Gnadenlosigkeit, Freude oder Trauer oder alles zusammen abwechselnd regieren. Jeder Leser wird zugeben, daß wir Liebe, Haß, Barmherzigkeit, Freude oder Trauer, Vertrauen oder Mißtrauen nicht denken können; wir können sie nur empfinden und ihnen in Wort und Tat Ausdruck geben. Sie motivieren unser Denken in der linken Gehirnhälfte. Zudem können wir durch die linke Gehirnhälfte sie und ihre Folgen beschreiben. Aber in jedem Falle bleiben die Motive dem Denken vorgelagert.

Wer also die Offenbarung Gottes als Sprache des Herzens liest, gewissermaßen wie einen Liebesbrief, der wird sie auch im Innersten verstehen. Das fällt uns kritischen, auf Denken gedrillten Menschen sehr schwer. Aber wir können es ja einmal versuchen und üben. Bei so vielen glaubwürdigen menschlichen Versprechungen sind wir bereit, zu vertrauen. Warum vertrauen wir dann nicht dem Wort Gottes? Im folgenden Teil dieses Buches wird davon ausgegangen, daß Gottes Wort wahr ist, daß es heilig und die Sprache des Herzens ist.

Wenn Sie, wie es die Bibel sagt, das Ohr Ihres Herzens öffnen, dann gibt Ihnen Gott ganz erstaunliche Antworten auf unsere Fragen. Dies gilt auch für die Frage, warum es soviel Unheil in der Welt gibt. Ihr wollen wir zunächst nachgehen.

Eine erste klare Antwort steht gleich auf den ersten Seiten der Bibel. Hier wird die Abwendung der Menschen vom Heil beschrieben.

Gott schuf den Garten Eden und setzte den Menschen hinein. Er gab ihm die Aufgabe, »ihn zu bebauen und zu bewahren«[63]. Das ist die nähere Umschreibung des Auftrags, zu »herrschen«, wie er in älteren Übersetzungen der Bibel zu finden ist. In neuen Übersetzungen steht statt herrschen »Fürsorge«. Es geht also nicht um egoistisches Beherrschen, wie immer wieder behauptet wird. Der Auftrag an den Menschen zum Schutz der Umwelt und zur Fürsorge für alle Tiere und Pflanzen steht gleich am Anfang in der Bibel. Und der Garten Eden heißt wörtlich übersetzt: der »Garten der Wonne«[64], mit anderen Worten, der Garten des Heils und der Freude, in dem eine enge Gemeinschaft zwischen den Menschen und Gott bestand.

So liebevoll hatte Gott mit den Menschen begonnen. Er war mitten unter ihnen, von Angesicht zu Angesicht. Er unterhielt sich mit ihnen. Sie verstanden einander. Er hatte Gemeinschaft mit ihnen. Die Menschen hatten Zugang zu allen Früchten dieses Gartens der Wonne und lebten in der Geborgenheit enger Gemeinschaft mit ihrem Schöpfer, im Heil, in Gesundheit, im Schutz, in Freude und Freiheit. Sie hatten nur ein Verbot Gottes zu beachten. Gott sagte zum Menschen: »Von jedem Baum des Gartens darfst du essen, aber vom Baum der Erkenntnis des Guten und Bösen, da darfst du nicht essen; denn an dem Tag, da du davon ißt, mußt du sterben!«[65] Das ist die einzige Muß-Bestimmung in der Bibel für uns Menschen. Sie gilt bis heute. Es gibt nur zweimal ein »Muß« in der Bibel, und das zweite »Muß« ist die konsequente Folge des ersten. Doch das zweite nimmt Gott auf sich. Darauf kommen wir später. Sonst kennen wir in der Bibel nur Soll-Bestimmungen, die dem Menschen die Freiheit geben, sie anzunehmen oder abzulehnen. Gott ist kein Diktator. Er hat den Menschen auch mit Freiheit beschenkt. Doch in dem einen Punkt, sonst »mußt du sterben«, gilt ein unwiderrufliches Muß. Es bedeutet:

Wenn ihr Menschen die Frucht der Selbsterkenntnis und der Selbstbestimmung des Guten und des Bösen für euch beansprucht (sie eßt), dann habt ihr die Gemeinschaft mit mir, mit eurem Schöpfer, aufgekündigt; dann seid ihr tot für mich. Dann maßt ihr euch nämlich an, über etwas zu entscheiden, was euch nicht zugeordnet ist, was eurem Schöpfer vorbehalten bleibt, dann »wollt ihr sein, wie Gott«[66].

Gott weiß als der Schöpfer der Menschen am besten, was für jeden einzelnen gut ist, was er kann, und was er nicht kann. Er kennt genau unsere Möglichkeiten und Grenzen. Darum hat er den Menschen dieses einzige Muß-Gebot gegeben. Er kennt nämlich auch die verheerenden Folgen für die Menschen, wenn sie selbst göttlich werden wollen. Doch die verbotene Frucht war für die Menschen »eine Lust für die Augen«, und sie war »begehrenswert, Einsicht zu geben«[67]. Und die Menschen aßen die Frucht der Selbstherrlichkeit. Sie wollten selbst göttlich sein. Sie wollten ihre Grenzen überspringen. Als erste direkte Folge kam Furcht in ihr Leben, die für sie bis dahin unbekannt war. Sie versteckten sich vor Gott. Sie verloren die Fähigkeit, Gott zu »erkennen«, das heißt sich vertrauensvoll auf ihn einzulassen, Gemeinschaft mit ihm zu haben. Sie begannen, sich gegenseitig zu beschuldigen. Sie verleumdeten einander und suchten Schuld bei anderen, nur nicht bei sich selbst.

Als zweite direkte Folge mußten die Menschen den »Garten der Wonne« verlassen. Gott vollzog nur, was er vorher als zwingende Folge angekündigt hatte. Nicht er hat die Gemeinschaft mit den Menschen aufgekündigt, sondern die Menschen haben die Gemeinschaft mit ihm gebrochen, weil sie selbst göttlich sein wollten, weil sie ihre Grenzen überspringen und grenzenlos sein wollten. In Wirklichkeit zerstörten sie ihr Heil in der Gemeinschaft mit Gott. Sie kamen in eine Welt der Mühsal, der Feindschaft, der Schmerzen, der Machtansprüche, des Kampfes und des Todes[68], kurz: in die Welt des Unheils! Ein von

Gott abgewandter, selbstherrlicher Mensch ist für Gott nicht annehmbar. Er ist tot für Gott.

Das ist die Todeslinie der Menschheit außerhalb der Gemeinschaft mit Gott, die Linie des Unheils, die die ganze Menschheitsgeschichte durchläuft. Die Menschen waren und sind »Jenseits von Eden«, wie der berühmte Roman von John Steinbeck heißt. Das gilt auch für die ganze Geschichte von Religionen, Philosophien und Wissenschaften, die das Ziel verfolgen, die Selbstherrlichkeit der Menschen bis zu ihrer Göttlichkeit zu fördern. Ich bin diesen Weg der Absonderung von Gott und der Mißachtung der eigenen Grenzen bis zum Beginn der achtziger Jahren »jenseits von Eden« gegangen, bis mir Gott den anderen Weg zeigte, der zurück in die Gemeinschaft mit ihm, zum Leben mit ihm, führt.

Der Weg der Absonderung von Gott ist nichts anderes als der Weg der Sünde. Sünde kommt von »Sund« und heißt Absonderung, sündige Menschen leben abgesondert von Gott. Sündenregister mit vielen großen und kleinen Sünden sind Unsinn. Sie zeigen eine menschliche Sicht von göttlicher Gerechtigkeit. Sie sind nicht Gottes Sicht der Sünde, sondern letztlich eine Anmaßung der Menschen, Gottes Urteil aus ihrer Sicht vorwegzunehmen. Sünde ist Sünde, ob groß oder klein. Sie beinhaltet, abseits von Gott am eigentlichen Ziel unseres Lebens vorbeizuleben. Und das Ziel des Lebens, die Gemeinschaft mit Gott, ist verfehlt, ganz gleich, ob wir dieses Ziel mit fünf Zentimetern oder fünf Metern Abstand verfehlen, ob wir z.B. lügen oder Treuebruch begehen. So frage ich mich heute nicht mehr, *wie* sündig ich an Gott vorbeigelebt habe. Es reicht, daß mir bewußt ist: Ich habe abgesondert von Gott – sündig – gelebt.

Das bedeutete Vermessenheit, auch wenn viele Dichter und Denker die Abwendung von Gott als Sieg der Menschheit gefeiert haben. Ein Beispiel hierfür sei Friedrich Schiller. Er hat den »Sündenfall« der Menschen als »Glücksfall für die Menschheit« beschrieben. Er bezeichnete den Ungehorsam der Menschen im Garten Eden als »die glücklichste und größte Begebenheit in der Menschheitsgeschichte«. Hier hätte sich der Mensch »aus dem Paradies der Unwissenheit und Knechtschaft« in ein »Paradies der Erkenntnis und der Freiheit« von Gott begeben, und der Mensch konnte nun selbst »der Schöpfer seiner Glückseligkeit« sein[69]. Heute verstehe und empfinde ich die Hymne an die Freude, von Friedrich Schiller, vertont von Ludwig van Beethoven in der 9. Symphonie ganz anders als früher. Heute erfaßt mich kein inneres Beben mehr, wenn ich den letzten Satz dieser Symphonie höre. Vielmehr ist mir auch an dieser Hymne an die Freude klar geworden, welch falschen Freiheitsbildern wir Menschen nachjagen und uns mit ihnen in Abhängigkeiten begeben, die viel Unheil in sich bergen.

Ich lernte, die Sünde erst zu nehmen. Zu gern verniedlichen wir sie, machen sie zu einer verzeihlichen Spielerei. Doch Sünde hat Ewigkeitsgewicht über das Sterben hinaus. Dann ist sie keine Spielerei mehr. Mit dem Sterben zerfallen die geformten Teile und Teilchen, wie Knochen, Fleisch, Gehirn, Nerven usw., wieder zu Staub und Erde. Aber der uns geschenkte Geist unseres Herzens, unserer Seele, unseres Verstandes und unseres Leibes besteht weiter. Er geht ins Jenseits, und an ihm klebt unlösbar die Sünde. Sünde ist nämlich ein geistiges Geschehen, und sie besteht daher zeitlos. Sie löst sich nicht auf. Nur der ewige, zeitlose Schöpfergott kann sie aus Gnade ablösen und auflösen. Und er befreit uns gern hier auf der Erde von unserer Sünde, damit wir sie nicht ins Jenseits mitschleppen müssen. Alle menschlichen Bemühungen, selbst Sünde ablösen zu wollen, müssen scheitern, wir können es nicht, weil wir endlich und begrenzt sind. Das gilt für die Absonderung von Gott im Garten Eden ebenso wie für unser jetziges, selbstherrliches Getrenntsein von Gott.

Wovon sondern wir Menschen uns eigentlich so selbstherrlich ab? Auch darauf gibt uns die Bibel Antworten. Ist Gott etwa der altväterliche, intolerante, einengende Gott, wie er von vielen modernen Menschen empfunden wird? Nein! Gott ist ganz anders!

Dieser unbegrenzte, allgegenwärtige, ewige »Gott ist Liebe«[70]. Sie ist der tiefste Wesensgrund Gottes und das Motiv all seines Handelns. Diese Liebe ist kein romantisches, schwankendes Gefühl, keine weichliche Schwäche, mal so und mal so. Sie ist ewig rein, gleich und klar wie reines Licht, und sie ist auf uns Menschen bezogen. Gott liebt uns, und zwar jeden von uns in der je eigenen Originalität, ganz gleich ob wir alt oder jung, häßlich oder hübsch, dick oder dünn, krumm oder gerade sind. Er liebt uns mit all unseren äußeren und inneren Mängeln, Fehlern, Macken und Krankheiten. Er möchte die Gemeinschaft mit uns wieder herstellen. Er hat sie ja nicht aufgekündigt, wir haben sie zerbrochen.

»Gott ist treu.«[71] So wie Gott der ewige »ich bin, der ich bin« ist, so ist er in seiner Liebe zu uns auch immer treu. Er bleibt zeitlos ewig seinem Wesen treu und damit seiner Liebe zu uns. Doch er achtet ebenso ein Grundmerkmal reiner Liebe: Die Freiheit der Annahme. Es ist ein Wesensmerkmal reiner Liebe, daß sie den anderen nicht zu ihrer Annahme zwingen kann. Kein Mensch kann von einem anderen verlangen: Ich liebe dich; also mußt du mich lieben. Das tut auch Gott nicht. Gott ist kein Diktator, der uns Menschen willenlos macht und zur Annahme seiner Liebe zwingt. Vielmehr sagt uns die Bibel: »Wo der Geist des Herrn ist, da ist Freiheit.«[72]

Gott ist gerecht.[73] Er sieht genau in unsere Herzen und kennt all unsere Motive und Gedanken. Seiner Gerechtigkeit können wir vertrauen. Doch Gott ist ebenso Gnade.[74] Sie ist der höchste Ausdruck seiner Liebe. Er begnadigt uns bei unserer Rückkehr zu ihm, trotz aller Absonderung

(Sünde) in unseren Motiven, in unserem Denken und Handeln. Er reinigt uns.

Gott ist Frieden[75], und er schenkt ihn uns; jedoch nicht den Scheinfrieden der abgesonderten Menschheit, sondern wirklichen, persönlichen Herzensfrieden. Gott leidet Schmerzen.[76] Mit unserer Lieblosigkeit, mit unserem vielen Unrecht gegenüber unseren Mitmenschen bereiten wir nicht nur diesen, sondern auch Gott tiefen Schmerz und Kummer. Aber Gott ist auch Freude.[77] Gott freut sich über jeden Menschen, der aus seiner Absonderung zu ihm zurückkehrt. Und es macht ihm Freude, für uns zu sorgen und uns Geborgenheit zu schenken. Dies sind nur die besonders herausragenden Wesensmerkmale Gottes. Wer die Bibel zur Hand nimmt und liest, findet noch viel mehr, z.B. Geduld, Freundlichkeit, Güte, Verantwortung und Klarheit.

Haben Sie sich Gott so vorgestellt? Er ist wirklich ganz anders als die vielen Zerrbilder, die Menschen oft von ihm zeichnen. Hinzu kommt noch etwas sehr Wichtiges. Da Gott als Herr der Welt und des ganzen Kosmos zeitlos und räumlich unbegrenzt allgegenwärtig ist, sind auch seine Wesensmerkmale ewig überall und reichen über den Kosmos hinaus. Wo Gott ist, und er ist, wie wir wissen, alle Zeit allgegenwärtig, da ist auch sein Wesen zu Hause. Es ist ewige Grundlage seines Handelns. Sollten wir Menschen uns dann nicht ernsthaft hinterfragen, was uns noch immer in der Absonderung von Gott verharren läßt?

Gott ist eine Person, von der wir uns kein Bild machen können. Er hat alle Merkmale einer Person: Er ist ein eigenständiges Wesen, er hört, er redet und handelt, und das zu aller Zeit und an jedem Ort. Doch als unbegrenzter Geist paßt er in kein Bild hinein. Ist nicht ein solcher Gott aller Achtung und Ehre wert? Einen solchen Gott kann ich heute nicht mehr anders als von Herzen achten, ehren und lieben.

Der Code der Sünde

Die Absonderung der Menschen von Gott im Garten Eden trieb nicht nur die damaligen Menschen in eine Welt des Unheils. Bei diesem Bruch des einzigen Muß-Gebotes Gottes ist vielmehr etwas Entscheidendes für die ganze Menschheit passiert. Das können wir erst richtig verstehen, seit der Materialismus tot ist, seit wir wissen, daß Geist die Informationen zur Formung der Materie gibt. Sie erinnern sich: Der Mensch ist nicht das, was er ißt, sondern wessen Geistes Kind er ist. Das gilt für die ganze Menschheit.

Nach dem Bruch mit Gott im Garten Eden kam ein anderer Geist in die Menschen hinein, der sie von nun an mit formte. Jetzt trieb sie der Geist der Angst, der Verleumdung, des Verneinens und des Verlangens, selbst göttlich zu sein. Wie lautet die Verlockung der Menschen gleich am Anfang in der Bibel? »Hat Gott wirklich gesagt . . .? Glaubt doch das nicht, . . . auf keinen Fall werdet ihr sterben; vielmehr werden euch die Augen aufgehen, und ihr werdet alles wissen, genau wie Gott. Dann werdet ihr euer Leben selbst in die Hand nehmen können.«[78] Das war die Verlockung, der die Menschen folgten. Mit dem entscheidenden Schritt zu diesem Ziel, bei dem Bruch mit Gott, schlug der Code der Wesensmerkmale und Eigenschaften der Menschen so um, daß eine Gemeinschaft mit Gott nicht mehr möglich war. Dieser umgeschlagene Code bestimmte von nun an die ganze Menschheit. So schlug die Liebe zum Mitmenschen in Egoismus, Selbstsucht und Habsucht um. Man teilt nicht mehr selbstlos, sondern gibt bestenfalls das, was man übrig hat. So verkehrte sich Vertrauen in Mißtrauen, Treue in Wankelmütigkeit und Unzuverlässigkeit, Geborgenheit in Angst, Fürsorge in Macht, Herzensfrieden in Friedlosigkeit und Aggressionen, Ruhe in Ruhelosigkeit. Die Gemeinschaft mit Gott schlug in Ich- Herrlichkeit und den Drang um, selbst göttlich zu sein.

Dieser andere Geist sitzt seit der Abkehr von Gott wie

ein Stempel mit lauter Falschinformationen in der Codierung der Menschen. In jedem DNS-Makromolekül eines jeden Menschen, mit den rund hundert Milliarden Einzelinformationen über ihn befinden sich auch diese Fehlinformationen. In jedem Motivationszentrum der rechten Gehirnhälfte sind diese Fehlinformationen zu finden, die steuernd auf das Denken und Handeln einwirken. Das ist der Code der Sünde. Er ist in jedem Menschen vorhanden. Kein einziger Mensch ist ausgenommen, auch nicht das kleine Baby, das ja so lieb ist. Auch dieser süße Winzling trägt den Code der Sünde in sich, der ihn einmal später drängen wird, selbstherrlich Unrecht zu tun. So wird das Leben »jenseits von Eden« von Generation zu Generation weitergetragen. Es ist die Erblast der Menschheit.

Bei uns Menschen zurückgeblieben sind lediglich die Sehnsucht und die Wünsche nach dem Verlorenen. Wir kennen alle die Sehnsucht und die Wünsche nach reiner Liebe, nach unerschütterlicher Treue, nach Herzensfrieden und innerer Ruhe, nach Erfülltsein mit Güte, Freude und Jubel, nach Freundlichkeit, Geduld und harmonischer Festigkeit. Das ist die Sehnsucht nach dem »verlorenen Paradies«, und das ist die Wunschwelt, nach der jeder Mensch im tiefsten Inneren strebt, gleich, ob er es zugibt oder nicht. In Momenten der Besinnung, zum Beispiel wenn wir traurig sind, uns betrogen fühlen oder umgekippt sind, werden diese Wünsche und Sehnsüchte in uns groß. Das ist der Geist Gottes, der dann in uns aufleuchtet, aber eben nur noch als Wunsch und Sehnsucht, nicht als Lebensrealität.

Öfters versuchen wir, den Wünschen und der Sehnsucht näher zu kommen durch gute Werke, durch Feiern, Musikgenuß, schöne Reden, große Versprechen und vieles mehr. Manchmal erleben wir dabei erhebende Momente und meinen den Zipfel des verlorenen Paradieses für uns erhascht zu haben. Aber immer wieder erfahren wir auch die Enttäuschung, daß uns der Zipfel entwischt ist. Das sind die tausendfach variierten Themen vieler Romane, Filme, Opern, Theaterstücke und Musicals, die uns so nahe gehen, wo wir sogar noch weinen können. Am Ende bleibt entweder Traurigkeit über das Verlorene zurück, oder es folgt ein »happy end«, bei dem das wirkliche Ende im Alltag nicht mehr gezeigt wird.

Ist es im realen Leben nicht genauso? Wie oft wollen wir das wünschenswert Gute erreichen, und das nachfolgende Ergebnis sieht ganz anders aus. Wie oft bleibt uns dann nur die enttäuschte Feststellung: Ich wollte doch nur das Beste! Wie oft meinen wir bei Feiern, in Disco-Nächten, bei Urlaubsabenteuern und vielen anderen Erlebnissen Glück und Freude festhalten zu können. Letztlich bleibt immer wieder nur der Kater und die Trauer über unerfüllte Wünsche zurück. Das ist unsere Lebensrealität, wie ich sie oft selbst erlebt habe.

Auch kein ethisch noch so hoch stehender oder angesehener Mensch ist von dem Gefühl tiefsten inneren Versagens ausgenommen. Wenn solche Menschen ehrlich eine Zeit- oder gar Lebensbilanz ziehen, bleibt viel Betroffenheit zurück. Davon erzählen uns viele Lebensberichte.

Es ist schon erschütternd, wenn man dann auch liest, wie die letzten Jahre oder Stunden der ganz Großen in der Geschichte verlaufen sind. Da ist nicht nur die unendliche Verzweiflung bei den großen Bösen, wie Hitler oder Stalin. Da sind auch der innere Verfall, die Resignation und die tiefe Verlorenheit in den letzten Jahren, Wochen und Stunden von großen Führern, Dichtern und Denkern, wie z.B. Napoleon, Friedrich dem Großen, Lenin, Sartre, Kleist, Nietzsche, Hemmingway und Kafka, um nur einige besonders Herausragende zu nennen. Da ist aber auch die Umkehr hin zum allmächtigen, liebenden Gott in den letzten Wochen des Lebens wie bei Heinrich Heine.

Überall, sowohl in unserem kleinen Leben als auch bei den herausragenden Menschen, erleben wir dasselbe. Der auf sich bezogene Mensch ohne Gemeinschaft mit seinem Schöpfer ist auf sich selbst zurückgeworfen und scheitert an der eigenen Zwiespältigkeit. Darüber können auch noch so schöne Grabreden oder Nachrufe nicht hinwegtäuschen.

Wir Menschen tragen die Janusköpfigkeit, die Zwiespältigkeit, die wir im Hinblick auf die technischen und wirtschaftlichen Entwicklungen im ersten Kapitel beschrieben haben, in uns selbst und können sie aus uns selbst nicht lösen. Das ist der Code der Sünde, des Abgesondertseins von Gott, der durch die ganze Menschheitsgeschichte läuft.

Einer solchen Zustandsbeschreibung der Menschheit und jedes einzelnen Menschen werden wir wohl, wenn wir wirklich selbstkritisch sind und uns nicht an Illusionen festklammern, zustimmen müssen, wenn es auch schwerfällt. Bleiben dann immer noch Bibelstellen unverständlich, die oft als menschenfeindlich verworfen werden? Was sagt uns die Bibel über den Zustand der Menschen als Folge ihrer Ich- Bezogenheit? Wir lesen: »Wohin die menschliche Selbstsucht führt, kann jeder sehen: Zu Ausschweifungen, Götzendienst und Zauberei, Streit, Gehässigkeit, Rivalität, Jähzorn, Geltungsdrang, Uneinigkeit und Spaltung, Neid . . . und noch vieles dergleichen.«[79] Was ist an dieser Diagnose in der Bibel falsch? »Der Geist Gottes dagegen läßt als Frucht eine Fülle von Gutem wachsen, nämlich Liebe, Freude, Frieden, Geduld, Freundlichkeit, Güte, Treue, Nachsicht und Selbstbeherrschung.«[80] Sind das nicht genau unsere Sehnsüchte und Wünsche?

»Die menschliche Selbstsucht kämpft gegen den Geist Gottes, und der Geist Gottes gegen die menschliche Selbstsucht; die beiden liegen im Streit miteinander, so daß ihr das Gute nicht tun könnt, das ihr doch eigentlich wollt.«[81] Das ist doch genau unsere zwiespältige Situation, der wir vorher zustimmen mußten. Die Bibel stellt sie ganz nüchtern dar. Sie unterscheidet klar zwischen der Realität und unseren Wünschen. Sie deckt unser Unvermögen auf, durch und durch gut zu sein und zu handeln.

Die Bibel kennt schließlich die Verlockungen, denen wir ausgesetzt sind, wenn wir aus eigener Kraft der Erfüllung von unseren Sehnsüchten und Hoffnungen nachjagen. Während solcher Zeiten fallen wir besonders leicht auf die Verführungen westöstlicher Religionen herein, die uns versprechen, daß wir all das Verlorene als kosmischen Geist in uns finden und aus uns selbst heraus verwirklichen könnten. Welch trügerische Verlockung! In den letzten Jahren sind mir viele zerbrochene Menschen begegnet, die dieser Verlockung gefolgt sind. Die Bibel warnt vor solchen Verführungen und vor den Verführern: »Viele Verführer sind in die Welt hinausgegangen.«[82] »Gebt acht, daß euch keiner durch die Vorspiegelung höherer Erkenntnis betrügt. Das alles ist nur von Menschen erdacht. Es handelt nur von kosmischen Mächten«[83], aber nicht von Gott. So klar ist auch die Verführung der Menschheit in der Bibel beschrieben. Mein Hausarzt sagte vor kurzem bei einer Untersuchung zu mir: »Ja, die Bibel ist ein sehr kluges Buch!« Ich antwortete ihm darauf: »Sie ist auch ein sehr wahres Buch.«

Gott kennt unsere Ausweglosigkeit und unsere Unfähigkeit, selbst aus unserem Zwiespalt herauszukommen. Deshalb ruft uns die Bibel wiederholt zur Umkehr zu Gott auf, damit die Sehnsüchte und tiefsten Wünsche eines jeden einzelnen Menschen durch Gott in Lebensrealität umgewandelt werden können. Gott, der die Liebe zu uns nie aufgekündigt hat, kann den Code der Sünde in uns wieder umkehren. Er kann uns sowohl »das Wollen als auch das Wirken«[84] schenken, das uns in die Gemeinschaft mit seinem Geist zurückführt. Bei dieser Zusage Gottes sollten wir versuchen, zusammen mit ihm wirklichen Herzensfrieden, Freude, Liebe, Treue, Geborgenheit, Sicherheit, insgesamt Heil zu finden. In den letzten Jahren habe ich auch viele zuvor zerbrochene und kranke Menschen kennengelernt, die diesen Schritt gewagt haben und denen Gott eine neue, geheilte Zeit geschenkt hat.

Der Verwirrer

Die Bibel beschreibt nicht nur den Stempel der Fehlinformationen, den Code der Sünde, und die Verwirrung der Menschen in einer für mich erstaunlichen Klarheit, sie benennt auch den Verwirrer und Verursacher. Es ist Diabolos, wörtlich »der Verwirrer«, Luzifer »das Irrlicht« oder schlicht Satan, der Verleumder.

Nun werden manche Leser denken: Jetzt kommt er noch mit dem Ammenmärchen vom Teufel! Satan konnte man den Menschen des Mittelalters aufbinden, aber für einen modernen, aufgeklärten Menschen ist so etwas nicht mehr zumutbar! Doch da frage ich, ob die nachfolgenden Tatsachenberichte aus jüngster, moderner Zeit auch unzumutbare Ammenmärchen sind oder eine äußerst hart aufrüttelnde Realität.

Es ist schon nichts Neues mehr, daß sich unsere so moderne Menschheit zunehmend dem Okkultismus zuwendet, daß sie immer mehr in eine mystische Verzauberung gleitet. Zeitungshoroskope, Pendeln und Kartenlesen werden als etwas völlig Normales angesehen. Astrologische Jahrbücher und Pendel waren auch für mich früher eine Selbstverständlichkeit. Das mag für manche noch Spielerei sein. Aber wie sind folgende Tatsachen zu bewerten?

Der Sektenbeauftragte am Bischöflichen Generalvikariat in Münster berichtete 1987, daß in Städten am Niederrhein fast jede dritte Familie spiritistische Sitzungen abhalte, die schnell zu Satanismus, Besessenheit und Wahnvorstellungen führten. Besonders Jugendliche seien betroffen.[85] Jeder dritte Jugendliche soll inzwischen Okkultismuserfahrungen haben, berichtete die Katholische Junge Gemeinde (KJG). Schon in kleinen Städtchen gibt es harte Kerne von Satansanbetern und Satan-Fans mit Hexenmeistern. Sie setzen ihre »Hoffnungen auf Satanus, weil das Böse mehr Macht hat als alles Gute zusammen«[86].

Satanic- Rock-Fans, überwiegend Jugendliche, pflegen Teufels- und Totenkulte.[87] In Turin fanden sich 1988 rund 300 hochkarätige Wissenschaftler zusammen, um sich wissenschaftlich mit Satan zu beschäftigen.[88] Hexen- und Satansgemeinden sind fast in jeder Stadt zu finden, verbunden mit Opfertänzen und Totenritualen, bei denen auch »Menschen ins Jenseits befördert« werden.[89] Satanische Ritualmorde und Todesfälle mit okkultem Hintergrund werden häufiger.[90]

Spätestens hier hören die Verharmlosungen und vermeintlichen Ammenmärchen auf. Hier wird es im vollen Sinn des Wortes todernst. Satan ist eine reale geistige Macht in den Herzen und Köpfen vieler Menschen. Das war er seit Beginn der Geschichte der Menschheit, und das ist er bis heute. Daran ändert auch nichts, daß er im aufgeklärten Europa der letzten zweihundert bis dreihundert Jahre in die Märchenkammer eingesperrt wurde. Dafür tritt er gegenwärtig um so deutlicher ans Tageslicht. Die Warnung des Papstes vor der Macht des Teufels, die er im Mai 1987 im Münchener Olympia-Stadion ausgesprochen hat, kann dann nicht mehr als Vollzug seiner Dienstpflicht abgetan werden.

Fragen wir einmal die Bibel, was sie uns über Satan, Diabolos, Luzifer (alles Namen für denselben) berichtet. Sie sagt uns, daß Satan als ein Geschöpf Gottes einmal ein oberster Lichtengel nahe bei Gott war. Aber der Code seines Lichtwesens schlug um. Stolz, Selbstherrlichkeit und Herrschsucht bewegten ihn nun. Sein Wesen wurde zum totalen Gegenteil der Liebe Gottes: Unbarmherzige, kalte Lieblosigkeit und Treulosigkeit, Hinterlist, Haß, Zwang, harte Gesetzlichkeit, Unfriede, permanente Unruhe, aufgesetzte, hinterhältige Freundlichkeit und falsche Freude, Bosheit und Gnadenlosigkeit.

Wir lesen in der Bibel über ihn: »In deinem Herzen hattest du beschlossen: Ich steige immer höher, bis zum Himmel. Dort oben will ich meinen Thron errichten, ich will noch höher sein als Gottes Sterne . . . Dann endlich gleiche ich dem Allerhöchsten.«[91] Deshalb wurde er von Gott auf die Erde niedergestürzt.[92] Er wurde als materielose und damit unsichtbare Geistmacht und Geistperson – auch von ihm können wir uns kein Bild machen – an Materie, an die Erde, gebunden und damit an Raum und Zeit der Erde gefesselt. Satan ist ein Gefangener, der nur noch räumlich und zeitlich begrenzt wirken kann. Das Wirken in der

Ewigkeit ist ihm genommen. Er kann noch in Raum und Zeit Menschen gefangennehmen, Völker unterwerfen und in den Reichen der Welt sein Unwesen treiben.[93] In Wirklichkeit ist er jedoch schon von Gott besiegt und liegt »zerschmettert auf der Erde«[94]. In Wahrheit ist »der Herrscher dieser Welt gestürzt«[95]. Das weiß Satan, doch er vertuscht es sehr geschickt, um möglichst viele Menschen an sein Wesen und sein Schicksal zu binden.

Die Bibel bezeichnet ihn oft als Verleumder und als »Lügner«: »alle Lüge stammt von ihm«[96]. Allerdings beherrscht er dieses Handwerkszeug sehr gut, »so daß er aufsehenerregende Taten und Wunder vollbringen und die Menschen damit blenden kann«[97]. So verblendet er die von Gott abgekehrte Menschheit und unterstützt die Feinde Gottes.[98]

Wenn wir nun auf okkulte Geistheilungen, dämonische Totenbeschwörungen und andere Praktiken sowie auf satanische Ritualmorde schauen, dann wissen wir, wer der Verursacher solcher »Wunder« ist. Dann wissen wir auch, wer uns zur Verleumdung und Verdrehung von Gottes Wort inspiriert, und verstehen, wenn in der Bibel selbstherrliche religiöse Führer und Edelmänner, wie z.B. die Pharisäer, als Kinder des Teufels bezeichnet werden.

Satan kennt Gott sehr genau und ebenso Gottes Offenbarung in der Bibel. Er steht unter dem inneren Zwang, Gottes Wort in Frage zu stellen – sollte Gott gesagt haben? – und Gottes Wort so umzuformen, daß es dem Wunsch der Menschheit nach Eigengöttlichkeit entgegenkommt. Viele, viele Menschen geben sich ihm dabei als Helfer hin. Sie formen Inhalte der Bibel so um und verfälschen sie so, daß sie als Mittel menschlicher Machtansprüche mißbraucht werden können. Die im ersten Kapitel dieses Buches dargestellten verwirrenden Umdeutungen biblischer Begriffe sind Satans Werk und das seiner Helfer. Er ist der Initiator der sechs Behauptungen, die am Schluß des ersten Kapitels wiedergegeben sind, jener sechs Behauptungen der westöstlichen Religionen, die den menschlichen

Wünschen nach Ich-Verwirklichung und nach dem Aufbau der guten, selbstgestrickten Welt der Menschheit klar entgegenkommen.

Die unverfälschte Bibel ruft uns Menschen hingegen immer wieder auf, zu Gott und seinem heiligen Wesen, zu seinem Heiligen Geist zurückzukehren: »Werdet stark durch die Verbindung mit dem Herrn. Laßt euch stärken von seiner Kraft . . ., dann können euch die Schliche des Teufels nichts anhaben. Denn wir kämpfen nicht gegen Menschen. Wir kämpfen gegen unsichtbare Mächte und Gewalten, gegen die bösen Geister zwischen Himmel und Erde«[99], das heißt gegen die Geistmacht Luzifer, das Irrlicht, und seine Dämonen, die die Menschen auf vielfältigste Weise zu beherrschen versuchen. Der eigentliche Kampf auf dieser Welt mit all den Unheil-Folgen ist geistig. Geistmächte gestalten und beherrschen die sichtbare, anfaßbare Welt, und wir Menschen haben die Freiheit zu entscheiden, welchem Geist wir angehören wollen. Eine selbstgewählte Neutralität gibt es nicht, auch wenn wir uns das oft selbstgefällig einbilden.

Die gute Nachricht

Die Bibel ist in das Alte und das Neue Testament unterteilt. Beide Testamente gehören zusammen. Testament heißt laut Duden Verfügung, Ordnung, unantastbare Willenserklärung. Die Bibel enthält unantastbare Willenserklärungen und Ordnungen Gottes für seine Geschöpfe, die Menschen. Schon für uns Menschen ist ein Testament etwas Unantastbares, ein unumstößlicher letzter Wille von Müttern oder Vätern oder von beiden, die ihren Kindern etwas schenken wollen. Mütter und Väter verfassen ein gültiges Testament im Vollbesitz ihrer geistigen Kraft, sonst wäre ihr Testament angreifbar. Für Kinder oder andere mögliche Erben beinhalten die testamentarischen Verfügungen Geschenke, die ihnen zufallen, ohne daß sie selbst etwas zu deren Entstehen beigetragen haben. Sie brauchen sie nur anzunehmen.

Wenn das schon bei uns Menschen so ist, so gilt das erst recht für die unantastbaren Willenserklärungen des Schöpfergottes. Die Bibel enthält unumstößliche Verfügungen über die Geschenke Gottes an seine Geschöpfe, an uns Menschen. Wir haben zum Entstehen der Geschenke nichts beigetragen. Das können wir als begrenzte Menschen nicht.

Wir können zum Beispiel nicht einmal ein Samenkorn mit seinen vielen Milliarden Lebensinformationen herstellen. Wir sind nicht einmal in der Lage, die Nahrung für das Samenkorn in Erde und Wasser aus dem Nichts herzustellen. Wir können nur das geschenkte Samenkorn in die geschenkte Erde oder das geschenkte Wasser legen und darauf warten, ob, wann und wie der Geber die im Samenkorn gespeicherten Informationen in Leben, in eine Pflanze umwandelt, die ihrerseits wieder Früchte und Samenkörner tragen wird.

Schon beim Samenkorn und damit bei unserer täglichen Nahrung beginnen also die Geschenke Gottes. Wäre es nicht richtiger, sie erst einmal vorbehaltlos anzuschauen, ehe wir urteilen? Sollten wir nicht diesem Gott, der ewige Liebe ist, zutrauen, daß er unser Bestes will, und die Geschenke dankbar annehmen?

Zu den liebevollsten Geschenkverfügungen Gottes für uns Menschen zählen diejenigen, die uns den Weg in die Gemeinschaft mit ihm eröffnen, die den Bruch, den wir zwischen Gott und uns herbeigeführt haben, wieder heilen. Die Testamente Gottes sind angefüllt von solchen heilenden Geschenken, die nur der Annahme bedürfen. Im Alten Testament sind sie zunächst auf Einzelpersonen, Personengruppen und auf ein Volk bezogen, aber schon mit dem Blick auf die ganze Menschheit. Im Neuen Testament betreffen sie dann die ganze Menschheit. Sie werden in den Evangelien besonders deutlich. Evangelium heißt wörtlich »gute Nachricht« (deshalb heißt die von katholischen und evangelischen Kirchen und Gemeindeverbänden anerkannte Übersetzung der Bibel

»Die Gute Nachricht des Alten und des Neuen Testaments«; aus ihr stammen auch die meisten der hier zitierten Bibelstellen).

Wer ist Jesus?

Mit diesem Kapitel versuche ich, mich an die vielen Jesus-Bilder heranzutasten. Besonders die Evangelien berichten von dem größten Geschenk Gottes an uns Menschen, von Jesus Christus. Wieder wird mancher geneigt sein, dieses Buch nun endgültig zuzuschlagen. Und doch möchte ich Sie erneut einladen, erst einmal weiterzulesen, ehe Sie Ihrem Unwillen nachgeben. Tatsächlich war auch für mich dieser Jesus Christus die härteste Herausforderung in der Bibel, und er erregte meinen größten Widerspruch. Darum kann ich jeden verstehen, dem es ähnlich geht.

Dieses Aufbäumen gegen den Jesus der Bibel ist in der Bibel selbst berichtet. Wir lesen, daß die Berichte über ihn für viele Menschen »barer Unsinn« sind[100]. An anderer Stelle steht über Jesus: »Der Stein, den die Bauleute weggeworfen haben, weil sie ihn für unbrauchbar hielten, der ist zum tragenden Stein geworden. An ihm stoßen sich die Menschen. Er ist zum Felsblock geworden, an dem sie zu Fall kommen.«[101] Stein des Anstoßes ist Jesus inzwischen weltweit.

Wie wird er gesehen und eingeordnet? Zum Beispiel als der Sozialrevolutionär, der Moralprediger, der Märtyrer, der Wüstenprophet und Ethiker, als die Reinkarnation östlicher Heilslehrer wie Krishna oder Buddha, als der Bruder Jesus im Kampf gegen Intoleranz und Unterdrückung und vieles andere mehr.

Für die Verfechter all dieser Jesus-Bilder ist Jesus ein besonders wertvoller, guter oder kluger Mensch, dem die reine Geburt von einer Jungfrau als Märchen angedichtet wurde, um ihn ganz besonders göttlich zu machen. So bestreiten auch manche Theologen die Jungfrauengeburt. Einer ihrer Sprecher ist die katholische Theologieprofessorin Uta Ranke-Heinemann, die 1988 mit ihren Thesen gegen die Jungfrauengeburt einen echten Wirbel in Presse, Rundfunk und Fernsehen auslöste.

Für mich war dieser Jesus wohl die größte Herausforderung in meinem Glaubensleben. Warum, so fragte ich mich, sollte er ein Ausschließlichkeitsmonopol haben? Macht sich Jesus nicht auch ganz gut neben Mohammed, Buddha oder Laotse? Mit dem christlichen Gott konnte ich noch auskommen. Gott Allah, Brahman oder die göttliche Macht Manitu nordamerikanischer Indianer waren für mich alles unterschiedliche Namen für ein und dasselbe. Aber warum sollte dieser Jesus die einzig wahre Wahrheit unter den großen Lehrern besitzen?

Wenn ich morgens mit dem Fahrrad zum Büro und abends wieder nach Hause, nach Königswinter, fahre, begegne ich auf jeder Fahrt dem »Blindengarten der Stadt Bonn« mitten im Rheinauenpark. Dort steht in einem kleinen, besonderen Garten ein eisernes Standbild mit einem Elefanten und fünf Menschen um ihn herum, die ihn betasten. Dazu steht auf einer Tafel in Normal- und in Blindenschrift folgende indische Legende:

> »Der Blindenbrunnen – ein Gleichnis von der Wahrheit.
>
> Als einst ein König die Blinden seines Reiches einen Elefanten betasten ließ, beschrieb jeder diesen auf seine Weise. So meinte der eine, der den Rüssel umfing, daß dies eine Schlange und der Stoßzahn ein Schwert sei. Ein anderer umfaßte ein Bein und dachte, es sei der Stamm eines Baumes, während sein Nachbar das Ohr für ein gewaltiges Kohlblatt hielt, jener, der das Schwänzchen befühlte, glaubte, einen Wurm zu greifen, und dem fünften schien die rissige Haut eine Felswand zu sein.
>
> Alles zusammen war aber ein Elefant. So machte jeder seine eigene Erfahrung und fand seine eigene Wahrheit, so wie auch Sehende oft nur Teilwahrheiten erkennen und der absoluten Wahrheit gegenüber Blinde sind.«

Warum sollte nicht Jesus seine spezifische Wahrheit von Gott gesehen und uns gesagt haben, so wie dies andere Propheten und Lehrer auch tun – und alle diese Lehrer beschreiben Teile derselben absoluten göttlichen Wahrheit? Aus menschlicher Sicht ist diese Rückfrage doch einleuchtend. Die Antwort ist der Elefant als Symbol für die weltumspannende Erkenntnis des Allgöttlichen, des »all is one«. Standbild und Text geben meine frühere Sicht von Jesus und Gott recht bildhaft wieder. Die indische Legende, die ich schon in den siebziger Jahren kannte, bestätigte damals meine westöstlich geprägte Einheitsreligion.

Wenn der römische Kaiser Konstantin I. seine Schlacht gegen das oströmische Reich verloren hätte, dann hätten wir vielleicht noch keltische oder germanische Weisheiten als Religion. Wenn Prinz Eugen nicht bei der Verteidigung von Wien gegen das anstürmende moslemische Heer gesiegt hätte, wären wir vielleicht jetzt alle Moslems. Wären wir dann schlechtere Menschen? Das kann doch nicht sein. So und ähnlich begründete ich damals meine »religiösen Relativitätstheorien« und fand eigentlich immer Zustimmung, auch bei Christen.

Mit einem Jesus als Gottes Sohn mit Absolutheitsanspruch in Lehre und Wahrheit konnte ich bis zu Beginn der achtziger Jahre nichts anfangen. Dennoch ließ mich die Frage nach diesem Jesus nicht los. Ich legte sie nicht zu den erledigten Akten. Wer ist Jesus? Im Frühjahr 1984 lernte ich ihn dann ganz anders kennen.

Begegnung mit Jesus

Ich war damals krank an Leib und Seele. Magen und Bauchspeicheldrüse schmerzten. Innerlich war es dunkel. Nur noch die Fassade beruflicher Disziplin stand. Mein Arzt schickte mich zur Kur in die Berge. Mehrere Bücher mit esoterischem Inhalt und über fernöstliche Religionen und Weisheiten nahm ich mit. Sie sollten als Bauelemente für den Wiederaufbau eines Sinngerüsts für mein Leben dienen. Eigentlich kannte ich die wichtigsten Aussagen dieser Bücher. Aber ich wollte sie noch einmal prüfen und hinterfragen, ob sie meine Fragen wirklich beantworten könnten, ob sie als Sinngerüst tragfähig seien.

In meinem hellen, hübschen Zimmer im Kurheim fiel mein Blick auf den Nachttisch. Dort lag ein schmales, blaues Buch. Ich sah es mir an. Es war die Gideon-Ausgabe des Neuen Testaments. Ich blätterte darin und fragte mich: Hast du, Karl- Heinz Walper, der du dich auch als Wissenschaftler bezeichnest, eigentlich jemals die Primärliteratur über diesen Jesus gelesen? Und ich mußte zugeben: Nein, du hast immer nur »Second-hand-Literatur«, Bücher aus zweiter Hand, gelesen. Aus ihnen hast du dir dein Urteil gebildet. So nahm ich mir vor, das Neue Testament zu lesen; einmal, um dem wissenschaftlichen Anspruch zu genügen, und zum anderen, um vielleicht doch etwas Genaueres zu erfahren, auch wenn die Hoffnung äußerst gering war. Das schmale, blaue Buch zog mich an, und ich begann zu lesen.

Während der vier Wochen las ich das Neue Testament vorwärts und rückwärts. So mancher Kurgast dachte wohl: Der Kerl tickt nicht richtig, obwohl er eigentlich einen ganz normalen Eindruck macht – überall liest er in ein- und demselben blauen Buch. Doch das war mir egal. Ich las und las. Meine Vorbehalte aus der Second-hand-Literatur mußte ich Stück für Stück aufgeben. Dort stand ja etwas ganz anderes, als ich bisher über das Neue Testament und über Jesus gelesen hatte. Und ich begann innerlich zu erfassen, daß sich Jesus nicht mit unserer analytischen Menschenvernunft, der ichbezogenen linken Gehirnhälfte erkennen läßt. Ich ahnte, daß man ihm nur unvoreingenommen mit offenem Herzen begegnen kann, also mit den menschlichen Auffassungsgaben, die unser Wollen, unsere Motive bestimmen und die der kritischen Computer-Logik vorgelagert sind. Das war wohl der wichtigste Schritt auf meinem Weg zu einem anderen Jesus-Verständnis. Langsam wurde mir klar, daß dieser Jesus doch ein ganz anderer ist als alle anderen Propheten und Lehrer, denen ich bisher die gleiche Bedeutung zugemessen hatte. Den Lebensweg und die Lehren des großen indischen Ethikers Buddha kannte ich ebensogut wie die Krishna-Lehren, das Tao von Laotse, die Lehren von Konfuzius und die anderer Propheten und Ethik-Lehrer. Sie wurden zunehmend weniger vergleichbar mit Jesus. Letztlich gaben sie alle Antworten auf die Frage: Was muß ich tun, um mich selbst zu retten, mich selbst dem Göttlichen zu nähern, meine unsterbliche Seele zu reinigen oder einem Gott oder Göttern zu gefallen? Das gilt für Buddhas achtteiligen Pfad zur Aufhebung des Leidens, für die Vielzahl hinduistischer und anderer ostasiatischer Lehren und mehrere Lehren des Islam bis hin zu den menschlichen Tugenden von Konfuzius. Davon hob sich Jesus völlig ab. Er gab sich als ganz anders zu erkennen.

Welche Aussagen von Jesus beeindruckten mich zunächst ganz besonders im Neuen Testament?

Zunächst einmal bestreitet Jesus, aus sich selbst gut zu sein. Auf die Anrede eines wohlhabenden Mannes: »Guter Lehrer« antwortete Jesus: »Warum nennst du mich gut? Nur einer ist gut, Gott!«[102] Ebenso weist Jesus immer wieder darauf hin, daß nichts von dem, was er sagt und tut, sein eigenes Wissen und Handeln ist. Eine dieser vielen Aussagen von ihm lautet: »Ich setze nicht meinen eigenen Willen durch, sondern den Willen dessen, der mich gesandt hat.«[103] Er erläutert seine totale Abhängigkeit und nennt seinen Auftraggeber: »Ich kann nichts von mir aus tun, sondern . . . nur so, wie Gott es mir sagt.«[104] Jede Ehrerbietung von Menschen gegenüber ihm selbst weist er zurück mit den Worten: »Ich suche keine Ehre für mich selbst.«[105] Jesus vertritt nur die Ehre eines einzigen, nämlich die Gottes, seines Vaters; damit gibt er zugleich seine Herkunft bekannt. Er sagt: »Wer Gott zum Vater hat, der hört, was Gott sagt . . . Ich erweise nur meinem Vater Ehre.«[106] Dieser Jesus nahm nichts für sich selbst in Anspruch, keine Weisheit, keine Heilung, nichts, sondern er lebte die totale Führung durch Gott, seinen Vater. Das ist einmalig unter allen Propheten und Ethiklehrern. Für mich war dieses Jesus-Bild neu.

Jesus stellte auch keine eigenen Verhaltensregeln für sich selbst und für andere Menschen auf, sondern ordnete sich voll unter die Gebote Gottes und faßte sie auf die Frage eines Schriftgelehrten nach dem wichtigsten Gebot wie folgt zusammen: »Liebe den Herrn, deinen Gott, von ganzem Herzen, mit ganzem Willen und mit deinem ganzen Verstand. Dies ist das größte und wichtigste Gebot. Das zweite ist gleich wichtig: Liebe deinen Mitmenschen wie dich selbst. In diesen beiden Geboten ist alles zusammengefaßt.«[107] Was will uns Jesus mit diesem doppelten Liebesgebot sagen? Zunächst sollen wir Gott lieben! Gottes Wesen, das ist seine reine, dubezogene Liebe, Gerechtigkeit, Freude, Frieden, Geduld, Freundlichkeit, Güte, Treue, nachsichtige Geduld und Selbstbeherrschung. Dieses Wesen Gottes sollen wir mit allen Fasern unseres Seins lieben, auch mit unserem Verstand! Ja, auch mit unserem Verstand sollen wir Gott lieben. Aber Liebe kann man eigentlich nicht denken. Sie gehört zunächst nicht in den Kopf, sondern in unser Herz und in unser Wollen zur Annahme und zur Erwiderung, die aller Kopf-Vernunft vorgelagert sind. Herzensliebe ist Voraussetzung für unsere Liebe mit dem Verstand. Echte Liebe zu Gott aus unserem ganzen Sein führt auch zu einer Läuterung unseres Wesens. In Ausrichtung auf Gottes Wesen können wir uns selbst annehmen und lieb gewinnen. Das ist wahre innere Selbstannahme, ganz gleich, wie wir äußerlich aussehen. Gott schaut auf den inneren Menschen, so sagt uns Jesus, und nicht darauf, wie toll unser äußerliches Bild zurechtgemacht ist. Mit diesem geläuterten Wesen sollen wir unsere Mitmenschen lieben. Das ist wirkliche Nächstenliebe, wie Gott sie wünscht.

Ich habe lange gebraucht, bis ich das Doppelgebot, mit dem Jesus die Gebote Gottes zusammengefaßt hat, in seinem ganzen Gewicht innerlich ergriffen hatte. Jesus, der aus sich selbst nichts wollte und tat, ist die Verwirklichung dieses Doppelgebots. Genauso liebt er seinen Vater und die Menschen. Ja, auch damit ist er ganz anders als alle Propheten und Ethiklehrer, so sehr man ihre Weisheit schätzen mag. Jesus lebt die reine, dubezogene Liebe zu Gott und zu allen Menschen. Als er auf der Erde war, lebte er mitten unter den Menschen. Er zog sich nicht zurück, gründete keine Schule und kein Kloster, um besonders edle Menschen zu erziehen, wie wir es von anderen Propheten und Lehrern wissen. Er errichtete auch keinen Ashram, kein Meditationszentrum oder Heimholungswerk, wie es moderne, selbsternannte Propheten oder Prophetinnen tun und von Spendern bezahlen lassen.

Auch die Jünger Jesu waren keine herausragenden Köpfe oder Priester, keine edlen Nachfolger, Nachahmer oder Schüler. Sie waren einfache Menschen mit liebenden Herzen, die das Doppelgebot Jesu leben lernen wollten.

Keine Religion kennt dieses Doppelgebot der Liebe. Vielmehr sind alle Religionen auf menschliche Werke angelegt, um das Konto bei einem göttlich-gesetzlichen Supercomputer zu verbessern, oder auf menschliche Geistleistungen, um sich selbst dem Göttlichen näherzubringen. Das gilt im Kern auch für alle westöstlichen Religionen. Aber Jesus will keine solche Religion. Er lebt den Menschen Gottes Wesen vor, und darin gibt es keine egoistische Ich-Liebe und keine Verdienstspekulation. Genau diesem Selbsterlösungsstreben der Menschen schiebt er einen Riegel vor. Darum lesen wir auch im Neuen Testament: »Wer liebt . . ., sucht nicht den eigenen Vorteil.«[108] Spendenliebe, um vor Gott besser dazustehen, zählt für Gott nichts, auch wenn sie viel Geld für irgend ein kirchliches Hilfswerk bedeutete.

Als ich das so richtig begriffen hatte, da mußte ich erst einmal schlucken. Wie sehr war doch mein bisheriges Leben von Selbstgerechtigkeit, auch unter dem Deckmantel von Liebe, geprägt. Ich wußte nun, daß das letztlich Ich-Liebe fern von Gott war. So begann Jesus, mir in der Begegnung mit ihm eigene Wesenszüge aufzudecken. Ich fing an, mein Getrenntsein von Gott, meine Sünde, zu sehen.

Was beeindruckte mich weiter im Neuen Testament?

Warum lebte uns Jesus die enge Verbindung mit Gott vor? Was wollte er bezwecken? Hierzu sagt uns Jesus selbst: »Der Menschensohn ist nicht gekommen, um sich bedienen zu lassen, sondern um zu dienen.«[109] Jesus diente uns Menschen selbstlos, er ließ sich in nichts bedienen. Er bezeichnete sich als den Menschensohn, den Gott mit einem bestimmten Ziel zu uns gesandt hat. Was war Ziel seines Dienens? »Gott sandte ihn nicht in die Welt, um die Menschen zu verurteilen, sondern um sie zu retten.«[110] Gottes Ziel mit Jesus ist unsere Rettung. Darum war er auf der Erde. Daher all seine Mühen mit uns. Und dieser Rettung dient auch, daß wir in der Begegnung mit Jesus unsere Selbsterlösungsversuche und damit unser Getrenntsein von Gott, unsere Sünde, entdecken.

Der zentrale Auftrag Gottes für Jesus auf der Erde war die Heilung des Bruchs zwischen Gott und den Menschen, nicht nur für einige Herausgehobene, sondern für alle Menschen der Welt, wenn sie die Heilung des Bruchs wirklich für sich wollen. Das lesen wir im Neuen Testament: »Gott liebte die Menschen so sehr, daß er seinen einzigen Sohn hergab. Nun wird jeder, der sein Vertrauen auf den Sohn Gottes setzt, nicht zugrunde gehen, sondern ewig leben.«[111]

Mit der Feststellung, daß Jesus Gottes Sohn ist, kam ich zunächst nicht zurecht. Aber beim weiteren Lesen fand ich erste Erklärungen. So las ich: »In dem Sohn Gottes leuchtet die Herrlichkeit Gottes auf, denn er entspricht dem Wesen Gottes vollkommen.«[112] Sohn Gottes bedeutet also die völlige Wesensgleichheit mit Gott. Das war meine erste Brücke. Und Jesus sagte von sich selbst: »Glaubt mir: Ich lebe im Vater und der Vater in mir.«[113]

Und wie erfüllte Jesus, der mit Gott Wesensgleiche, den Auftrag Gottes? Jesus sagte dies auch selbst: »Der Vater liebt mich, weil ich bereit bin, mein Leben zu opfern, um es aufs neue zu erhalten ... Ich gebe es aus freiem Entschluß ... Damit erfülle ich den Auftrag meines Vaters.«[114]

Jesus starb am Kreuz. Das wissen wir alle. Doch als ich

die Vorgeschichte zu diesem Sterben am Kreuz las, wurde für mich ganz wichtig, wer dafür sorgte, daß er ans Kreuz genagelt wurde, wer ihm dieses so quälend-schmerzhafte Sterben zumutete. Das waren ja keine Atheisten oder Eiferer gegen den biblischen Gott. Es waren besonders Fromme, die sich mit dem Kopf und mit viel äußerem Gehabe zu dem Gott der Bibel bekannten und ihn zur eigenen Ehre mißbrauchten. Das waren tiefreligiöse, radikale Elite-Ideologen (Pharisäer) und Bibellehrer (Schriftgelehrte), die auch vor der Beihilfe zum Mord nicht zurückschreckten, um selbst recht zu behalten.

Nachdem die römischen Soldaten Jesus ans Kreuz genagelt hatten, rief der in der Sonnenglut blutende und schmerzerfüllte Jesus vom Kreuz zu Gott: »Vater, vergib ihnen! Sie wissen nicht, was sie tun.«[115] Sogar jetzt bewegte ihn kein Anflug von Haß gegen seine Peiniger, sondern noch vom Kreuz herab bat er um Vergebung für sie. Doch selbst dann hatten diese religiösen Volksführer nur Hohn für ihn. Sie konnten Jesus mit ihrem Kopf nicht begreifen, denn ihre Herzen waren für Gottes Wesen verschlossen.

Dennoch kann ich mich über diese Kopfmenschen nicht erheben. Ich war ja selbst einer. Wahrscheinlich hätte ich an ihrer Stelle ebenso gesagt: Jesus muß weg; entweder Verbannung oder Sterben.

Der Blick auf die Widersacher Jesu und auf sein Verhalten am Kreuz trug dazu bei, daß mir sein so schweres Opfer für uns Menschen immer klarer wurde. Er brachte »sich selbst Gott dar als fehlerloses Opfer«[116], »um die Sünden aller Menschen zu beseitigen«[117]. »Dadurch sind wir ein und für allemal von jeder Schuld befreit worden«[118], von unserer selbstherrlichen und so vielgestaltigen Absonderung von Gott – wenn wir von Herzen wünschen, daß der Bruch zwischen Gott und uns geheilt und der Weg in die Gemeinschaft mit dem heiligen Gott wieder frei wird.

Mit dieser selbstlosen Rettungsaktion im Auftrag Gottes ist Jesus wirklich einzigartig gegenüber allen Propheten und Ethiklehrern. Nach der Erfüllung des Auftrags sagte

Jesus am Kreuz: »Jetzt ist alles vollendet«[119] und starb. Kurz vor dem Gang zum Kreuz erklärte er: »Ich bin vom Vater in die Welt gekommen. Jetzt verlasse ich die Welt wieder und gehe zum Vater.«[120]

Als ich all dies wieder und wieder gelesen und mir vergegenwärtigt hatte, da wirkte auch der »Ausschließlichkeitsanspruch« von Jesus nicht mehr so abstoßend auf mich. Jesu Worte: »Ich bin der Weg, der zur Wahrheit und zum Leben führt. Einen anderen Weg zum Vater gibt es nicht«[121] begannen, einen anderen Sinn für mich zu bekommen. Ich suchte nach Klarheit. Sollte ein mit dem Code der Sünde behafteter Mensch, und sei er ein noch so bedeutender Ethiklehrer, Humanist, Prophet, Guru oder Priester, in der Lage sein – durch Einsichten, Übungen, Meditationen, Werke oder Opfer –, den von Menschen verursachten Bruch zwischen Gott und ihm zu heilen? Das ist gerade so, als wenn eine angeknickte und verstopfte Rohrleitung sich selbst repariert und reinigt. Das geht nicht. Übertragen auf uns Menschen als Geschöpfe Gottes geht das erst recht nicht.

Hier tat sich für mich eine geistliche Dimension auf, die die Grenzen meines Denkvermögens überstieg. Aber ich wollte nicht aufgeben. So wagte ich mit einigem Zögern den Sprung in den Glauben. Dieser Jesus war doch von Gott gekommen und hatte ein ungebrochenes Verhältnis mit ihm. Auch auf der Erde war er wesensgleich mit dem ewigen, sich selbst nie verändernden Gott und total auf ihn ausgerichtet. Also war bei ihm, dem Gottessohn, der Ewigkeitsbezug des reinen, ungestörten Verhältnisses zu Gott gegeben. Als solcher konnte nur er die ganze Wahrheit Gottes kennen und sie uns sagen. Wir begrenzten Menschen können es nur bis zu Teilwahrheiten bringen. Für uns stimmt die begrenzte Sicht, die uns der Text über die Blinden und den Elefanten in der Bonner Rheinaue sagt, nicht aber für Jesus.

Wenn schließlich die Trennung von Gott unseren Tod für Gott beinhaltet, dann kann uns nur der mit Gott Lebende wieder zum Leben führen. So gesehen ist Jesus der Weg zu Gott, der zur Wahrheit und zum Leben bringt.

Das waren meine Glaubenskrücken. Gestützt auf sie, bin ich der Einladung Jesu gefolgt: »Kommt doch zu mir; ich will euch die Last abnehmen! Ich quäle euch nicht und sehe auf keinen herab ... Bei mir findet euer Leben Erfüllung ... Was ich euch zu tragen gebe, ist keine Last.«[122] Ich habe die Einladung gern angenommen, nachdem ich so viele Selbsterlösungswege von Philosophien und Religionen gegangen war und dabei aus dem Stolpern und Fallen nicht herauskam. Sie führten alle nicht ans Ziel. Und ich fühlte mich von Jesus eingeladen, nicht gezwungen. Er überläßt es uns Menschen nämlich, seine Einladung anzunehmen oder abzulehnen. Er überläßt es uns, die vielen Lasten abzugeben oder den Leistungsanforderungen zur Selbstverwirklichung nachzujagen. Er läßt uns die Freiheit zur Annahme der Einladung, so wie Gott uns die Freiheit läßt, sein größtes Geschenk, Jesus Christus, anzunehmen. Wirklich echte Liebe bedingt eben Freiheit der Annahme, auch von Einladungen und Geschenken.

Mit der Einladung Jesu und mit meinen Glaubenskrükken bin ich dann 1984 kurz vor Ostern, am Gründonnerstag, einen Tag vor dem Kreuzigungs-Freitag, in eine kleine Kirche in der Nähe vom Kurheim gegangen. Dort war ich ganz allein. Vor mir stand das Kreuz mit dem angenagelten Jesus. Und leise flüsterte ich sinngemäß – wörtlich weiß ich es nicht mehr: »Lieber Jesus, wenn das alles so stimmt, was ich über Dich im Neuen Testament gelesen habe, dann bitte ich Dich um Verzeihung. Dann bin ich einer der vielen Sünder. Nimm Du bitte meine vielen Lasten ab; ich kann und mag sie nicht mehr tragen.« Ich schaute den Gekreuzigten an und fühlte mich erleichtert. Das war keine Einbildung, ich war es wirklich.

Über Ostern las ich weiter, ging viel spazieren und machte erstmals eine Gruppenwanderung mit. Eine Frau sprach mich auf das schmale, blaue Buch an. Ich erzählte ihr einiges, und sie verstand mich. Ich war also in dem Kurheim nicht der einzige, der die Einladung Jesu angenommen hatte. Übrigens hat mir die Familie dieser Frau gezeigt, daß die hohe Achtung der Frau nicht ein von Emanzipierten gefordertes Sonderrecht ist. Sie ist in der Bibel geboten. Im Neuen Testament lesen wir, daß ein Mann seine Frau so lieben soll, wie Jesus die Menschen liebt und sich für sie geopfert hat.[123] Eine solch schöne Würdigung der Frau bringt keine Feminismus- oder Gleichberechtigungsbewegung zustande. Mich hat diese Aussage der Bibel sehr beeindruckt.

Das war meine erste Begegnung mit Jesus Christus. Er zeigte sich wirklich als ein ganz anderer als nach den vielen Jesus-Bildern, die ich vorher kannte. Im Neuen Testament steht nämlich nichts von einem Sozialrevolutionär, Moralprediger, Ethiklehrer oder Kumpan im Kampf gegen Unterdrückung. Menschen, die das aus dem Neuen Testament herauslesen, sind eigenwillige Früchtepflücker. Sie sammeln nur ihnen angenehme und wohlschmeckende Früchte. Sie kennen Jesus nicht und mißbrauchen seine Früchte für eigene Ziele.

Nach Ostern entließ mich der Kurarzt als gesund und mit Schonung arbeitsfähig. Ich nahm es froh entgegen und wußte: Das war nicht das Werk des Kurarztes. Das hatte ein ganz anderer fertiggebracht.

Ja-aber-Zeit

Als ich von der Kur nach Hause kam, fand ich zwei Einladungen vor: Eine zu einer Evangelisch-Freikirchlichen Gemeinde und eine zur Internationalen Vereinigung christlicher Geschäftsleute (IVCG). Zu beiden ging ich hin. Gemeinde und Vereinigung prägten in den ersten beiden Jahren besonders meinen Umgang mit dem Gottesgeschenk Jesus Christus. Es folgte nämlich die Ja-aber-Zeit, und einige liebe, einfühlsame Menschen in der Gemeinde und in der IVCG halfen mir geduldig über sie hinweg.

Wenn Sie beim Lesen in der Bibel vom »Ja-aber-Geist«

geplagt werden, möchte ich Sie trösten: In den ersten zwei Jahren nach der Kur ging es mir genauso. Die Fehlcodierung der Sünde war tief in mich eingegraben, und sie gab Denkbastionen nicht so schnell auf. Ich war früher ein Kopfmensch, der gewissermaßen aus dem Kopf heraus gelaufen war. Nun stand ich auf den Beinen. Doch ich mußte jetzt so laufen lernen und beim Laufen sicher werden.

Hierfür war mancher mutige Glaubensschritt notwendig, und zwar über den Ja-aber-Geist hinweg. Auch wußte ich, daß die unsichtbaren Geistwelten, die unsere sichtbare Welt bestimmen, sehr wohl Bekenntnisse vernehmen. So bekannte ich mich etwa zwei Monate nach der Kur an meinem Geburtstag auch »öffentlich« bei einem IVCG-Wochenende zu Jesus Christus als meinem Heiland und Retter. Doch das forderte den Ja-aber-Geist eher noch mehr heraus. Fragen über Fragen stellte ich an die biblische Botschaft Gottes, verbunden mit vielen Zweifeln.

Rund zwei Jahre lebte ich mitten in der Stadt Bonn zurückgezogen und allein nacheinander in zwei kleinen Wohnungen. Einerseits war ich für meinen Beruf da. Andererseits suchte ich Gemeinschaft mit einigen Menschen aus der Gemeinde und der IVCG, die mir besonders nahestanden. Sie nahmen sich viel Zeit für mich und hörten ruhig zu, wenn mich Zweifel plagten. Mit Liebe gingen sie auf mich ein und schlugen mir kein Bibelwissen um die Ohren. Sie gestanden mir eigene Schwächen und Mängel ein und zeigten offen, daß sie nicht perfekt waren. Aber gerade deshalb waren sie für mich überzeugend. Während der zwei Jahre kam ich gesellschaftlichen Verpflichtungen nur nach, wenn es sein mußte. Manchmal flippte ich aus und tanzte eine halbe Nacht durch. Sonst verbrachte ich jede freie Minute mit Fragen an die Bibel und mit der Suche nach Antworten. In dieser Zeit lernte ich, ruhig und innerlich still zu werden und auf die leisen und feinen Antworten der Bibel zu hören, die wir in unserer lauten Welt nicht mehr vernehmen und die in zuviel Betriebsamkeit – auch christlicher! – untergehen. So lernte ich gegen viel Ja-aber-

Geist das Laufen mit Gott und Vertrauen, Hingabe, das Aufgeben von Ich-Bastionen. Nach etwa einem Jahr ließ ich mich auf Jesus Christus taufen, wiederum, um vor der unsichtbaren Geistwelt und der sichtbaren Welt ganz bewußt festzumachen, in wessen Führung und Obhut ich mich begeben hatte.

Bei Besuchen in einem Schweizer Missionswerk lernte ich nicht nur meine Frau kennen, sondern auch, daß ein Leben mit Gott in enger Verbindung mit Jesus Christus voller Abenteuer und Wunder sein kann, wenn wir ihm wirkliche Führung zu unserem Besten zutrauen, ihm wirklich vertrauen. Wieder zu Hause in Bonn, baute ich – auch in scheinbar düsteren Situationen – auf die Zusage im Neuen Testament: »Was keiner jemals gesehen oder gehört hat, was keiner jemals für möglich gehalten hat, das hält Gott für diejenigen bereit, die ihn lieben.«[124] Das ist eine starke Zusage, und sie stimmt.

Ich lernte, daß Gott antwortet, wenn wir ehrlich um Rat bitten, um Hilfe rufen oder auch leise bei ihm anklopfen und anfragen. Ich erlebte, daß sein Heiliger Geist unser Herz immer tiefer erfüllen kann und es wirklich froh zu machen vermag. Er schenkt erfüllende Freude, die keine weltliche Feier vermitteln kann. Er schenkt Ruhe mitten im Lärm. Er schenkt Stille mitten in Hektik und Geborgenheit mitten im Streß. Er verbindet und heilt innere Wunden und kämpft auch dann für uns, wenn wir meinen, auf verlorenem Posten zu stehen, im Beruf und im Privatleben.

All dies habe ich in den letzten Jahren erlebt und lebe es, wenn ich auch öfter noch zaudere, zeitweilig unsicher bin und noch manche Angstburg zu nehmen ist. Doch der Ja-aber-Geist hat sich zurückgezogen, und die Ja-aber-Zeit ist, so glaube ich fest, vorbei.

Aus dieser Position heraus, aus diesem »auf dem Weg sein«, möchte ich noch einige weitere Antworten niederschreiben und Antworten der Bibel auf die sechs Behauptungen westöstlicher Religionen vermitteln. Ich bitte, beim Lesen dieser Antworten einmal das analytische Computerdenken und die Skepsis etwas ausruhen zu lassen und die »Ohren des Herzens« zu öffnen.

Die reine Geburt

Jesu Geburt durch seine Mutter Maria ohne Befruchtung durch einen Mann ist aus menschlicher Sicht unmöglich. Das ist auch die Position der vielen Kritiker an der biblischen Behauptung von der reinen Geburt Jesu. Doch ist dies aus Gottes Sicht wirklich unmöglich?

Vergegenwärtigen wir uns noch einmal, daß Geist die Materie bestimmt und formt, und daß Gottes Geist zeitlos ewig und raumlos unendlich bis in den subatomaren Bereich hinein handelt. Was soll dann Gottes Geist daran gehindert haben, in einer Zelle im Leib der Maria den Code der Sünde zu löschen, und diese Zelle mit einem von ihm gewollten Code zu versehen? Ich sehe keinen Hinderungsgrund, es sei denn, wir stellen Gott in Frage.

Gottes Wort, die Bibel, gibt klar den obigen Sachverhalt wieder, indem es sagt, daß Gottes Geist dies in der Maria bewirkt hat[125], und daß »Maria durch die Wirkung des heiligen Geistes ein Kind erwartete«[126]. Was ist daran so unglaublich, wenn man an Gott glaubt?

Menschen- und Gottessohn

Warum ist der Sohn Gottes, Jesus Christus, zugleich der Menschensohn?

In den Evangelien bezeichnet sich Jesus selbst oft so. Was ist damit gemeint? Einmal: Jesus war wirklich ein Mensch, mit allem, was zum Menschen gehört, nur ohne Sünde. Dann: Jesus ist *der* Mensch, wie ihn der Schöpfer gemeint hat, als er die Menschen schuf. Damit ist er auch *das* Ebenbild Gottes schlechthin.

Zugleich ist Jesus der Sohn Gottes, in dem Gott in Materie, Raum und Zeitgebundenheit eintrat, um den Bruch zwischen den Menschen und sich zu heilen.

Als dieser Menschen- und Gottessohn lebte Jesus in völliger, inniger Verbindung mit Gott. Durch ihn sprach und handelte Gott. Jesus zeigte den Menschen ihr Unheil und heilte. Er machte ihre Verwirrung deutlich und rief zur Umkehr auf. Umkehr ist die wörtliche Übersetzung des griechischen Wortes »metanoia«. In der hebräischen Urfassung heißt das: Gott wieder ansprechen, sich ihm wieder zuwenden. Martin Luther hat metanoia, das Gott-wieder-Ansprechen, mit »Buße« übersetzt. Dieses Wort hat mir zunächst viele Verständnisschwierigkeiten bereitet. Später bekam ich erst die Übersetzung in heutigem Deutsch, die »Gute Nachricht« in die Hand. In der deutschen Sprache hat das Wort Buße heute einen negativen Beigeschmack in Richtung Verlust und Strafe, wie Einbuße und Bußgeld – leider! Der positive Wert der Hinwendung zu Gott kommt nicht wirklich zum Ausdruck.

Bei echter innerer Hinwendung von Menschen zu Gott wischte Jesus schon während seines Lebens auf der Erde die Sünde dieser Menschen weg. Er vergab sie im Auftrag seines Vaters. Als Sohn Gottes war das für ihn selbstverständliches Handeln und keine Anmaßung, wie ihm dies von der Führungselite Israels unterstellt wurde. Jesus wußte, daß das Sterben am Kreuz auch für diese Sünder vor ihm lag. Er kannte den Ewigkeitswert dieses Opfers. Und er wußte ebenso, daß sein »Königtum nicht von dieser Welt stammt«[127]. Jesus sagte zu dem römischen Statthalter Pilatus vor seiner Verurteilung, als ihm irdisches, königliches Machtstreben in Israel von seinen Verleumdern vorgeworfen wurde: »Nein, mein Königtum ist von ganz anderer Art . . . ich wurde geboren, und ich kam in die Welt, damit ich die Wahrheit bekanntmache. Wer zur Wahrheit gehört, hört auf mich.«[128] Seine Verleumder sagten nicht die Wahrheit. Jesus ist kein kämpferischer Weltverbesserer und Sozialrevolutionär. Er wehrte alles Drängen nach weltverbesserndem bewaffnetem Kampf und nach Übernahme von Staatsmacht zum Aufbau einer friedlichen neuen Welt strikt ab.

Vielmehr kämpfte Jesus gegen die Absonderung der Menschen von Gott, gegen ihr Unheil aufgrund ihrer Verwirrung. So war sein eigentlicher Gegner der Verwirrer Diabolos, das Irrlicht Luzifer, schlicht Satan. Sein Kampf war gegen den Vater der Lüge, des Stolzes und der Ich-Herrlichkeit gerichtet, gegen die schon in irdische Zeit- und Raumgebundenheit verbannte Geistmacht Luzifer. Und Jesus wußte, daß ihn Gott auf die Erde gesandt hat, um Satan zu besiegen und damit die Menschen zu befreien.

Jesus ist als Menschensohn Gottes keine Abspaltung von Gott, wie oft behauptet wird. Dabei wird ihm zugeordnet, daß er das gebündelte Gute von Gott sei, was letztlich auf eine Teilentmachtung des biblischen Gottes im Alten und Neuen Testament hinausläuft. Jesus wußte, daß ihn Gott, sein Vater, mit der Geschichte der Menschen verbunden hatte, um den Bruch zwischen den Menschen und Gott zu heilen. Er ist der Heiland. Er ist der Hirte derjenigen Menschen, die sich zu seinem Vater, dem allmächtigen, in der Bibel offenbarten Gott, hinwenden, ob weiß oder schwarz, ob braun oder gelb. Jesus wußte um den Ewigkeitsbezug seiner Aufgabe. Genauso war ihm klar, daß in und mit ihm Gottes zeitlos ewiges, raumlos allgegenwärtiges Wesen war. So konnte Jesus mit Recht sagen: »Euer Vater Abraham freute sich darüber, daß er mein Kommen erleben sollte. Er erlebte es und war glücklich ... Ich versichere euch, bevor Abraham geboren wurde, war ich schon da.«[129] So ist Jesus der Hirte für alle sich zu Gott hinwendenden Menschen in der Vergangenheit, Gegenwart und Zukunft bis zum Ende der Menschheit. Er ist das »Haupt der Gemeinde«, der zu Gott hingewendeten Menschen quer durch alle christlichen Konfessionen.

Gottes Menschensohn ist das Zentrum der ganzen Bibel, des Alten und des Neuen Testaments. Auf ihn als Heiland, Retter und Hirte weist alles hin und läuft alles hinaus. Auch das sagt Jesus selber in der Auseinandersetzung mit den Führern Israels: »Ihr forscht in den heiligen Schriften und seid überzeugt, in ihnen das ewige Leben zu finden – und gerade sie weisen auf mich hin. Aber ihr seid nicht bereit, zu mir zu kommen, um das Leben zu finden.«[130] Tatsächlich liegen die ältesten und die jüngsten Bücher der Bibel in ihrer Entstehungszeit fast zweitausend Jahre auseinander. Doch sind quer durch das Alte Testament bis zum Beginn des Neuen Testaments über dreihundert prophetische Aussagen zur Geburt Jesu, über seinen Geburtsort, über seine Aufgabe sowie über sein Leben und sein Sterben am Kreuz, und diese Aussagen sind genau bis ins Detail. Das ist echte, wahre Prophetie gegenüber griechischen Orakeln, die viele Deutungen erlauben, auch gegenüber vager Wahrsagerei, die bestenfalls eine Teiltrefferquote hat. Die biblische Prophetie ist für mich ein Wunder und auch ein Hinweis auf die göttliche Offenbarung in der Bibel. Kein einziger Religionsstifter konnte über sich das sagen, was Jesus von sich mit Verweis auf alte biblische Propheten sagen kann, da solche Religionsstifter eben nicht zeitlos ewig sind, sondern räumlich und zeitlich begrenzt waren. Das gilt ebenso für jede heutige selbsternannte Prophetenfigur. Wir können somit ganz schlicht feststellen, daß Gottes Handeln seit der Abwendung der ersten Menschen von ihm durch die ganze Bibel auf die Entsendung und Aufgabenerfüllung seines Sohnes, Jesus Christus, in die Welt ausgerichtet war, und daß sein Handeln bis zum Ende der Menschheit auf ihn ausgerichtet sein wird. Das können wir im letzten Buch der Bibel, in der Offenbarung, nachlesen.

Haben wir es dann doch mit einer »Machtübergabe« von Gott an Jesus zu tun? Ja und nein! Jesus Christus erfüllt als Ewiger, als mit Gott innigst Verwobener, von Gott zeitlich begrenzte Aufgaben. Doch der Menschensohn Gottes ordnet sich nach Erfüllung seiner Aufgaben wieder voll »dem unter, der ihn zum Herrn über alles gemacht hat. Dann ist Gott allein der Herr, der alles und in allem wirkt.«[131] Gott war, ist und bleibt allmächtig und immer derselbe, auch als Auftraggeber.

Der Gekreuzigte – Code der Gnade

Was macht Jesu Sterben am Kreuz so zentral wichtig für Gott und uns Menschen? Vor Jesus wurden Tausende von Menschen gekreuzigt. Mit Jesus wurden zwei Verbrecher gekreuzigt. Nach Jesus wurden viele tausend Menschen, insbesondere Juden, von den Römern gekreuzigt. Was hebt die Kreuzigung Jesu so heraus? Oder ist diese Kreuzigung nur von Fanatikern oder Phantasten zu etwas ganz Besonderem hochstilisiert worden? War Jesus mehr als alle anderen Märtyrer, die nach ihm gekreuzigt wurden?

Mit dieser Kreuzigung Jesu ist es ein Kreuz. Es hat mir große Schwierigkeiten bereitet, den gekreuzigten Jesus in seiner ganzen Bedeutung zu erfassen, und ich kann jeden verstehen, dem es ähnlich geht. Schon der Apostel Paulus machte deutlich, daß sich am Kreuz Jesu die Geister scheiden. Er schrieb an die Gemeinde in Korinth: »Wir verkünden, daß Christus, der Gekreuzigte, der Retter ist. Für die Juden ist das eine Gotteslästerung, für die Griechen barer Unsinn.«[132] Die Griechen waren damals gleichbedeutend mit der gebildeten Welt. An der von Paulus beschriebenen Wertung hat sich bis heute kaum etwas geändert. Bis zum Beginn der achtziger Jahre zählte ich mich selbst zu solchen Griechen, den Gebildeten, und ein Kreuzestod zur Rettung der Menschheit war für mich höherer Unsinn. Erst als ich mein Herz für das Wort Gottes wirklich öffnete, erfaßte ich die einzigartige Bedeutung von Jesus am Kreuz gegenüber den vielen anderen Kreuzigungen.

Wer den auf die Erde gekommenen Sohn Gottes als Menschensohn erkannt hat, wie er im vorangegangenen Kapitel beschrieben ist, der hat schon den ersten Schritt zum Verstehen der zentralen Bedeutung der Kreuzigung Jesu für die Menschheit getan. Denn an diesem Kreuz starb ja nicht ein Mensch, dem irgendwie besonders geartete, hohe humane, menschliche Qualitäten zugeordnet werden. Hier starb der reine, sündlose Gottessohn für den Menschen. Hier erfüllte er den Auftrag Gottes, nämlich die völlig selbstlose Opferung seines reinen Leibes und Blutes für uns von Gott abgesonderte Menschen. Jesus wußte, daß nur so der Code der Sünde dieser Welt, der die ganze Menschheit betroffen hat, gebrochen werden konnte. Das konnte nur ein geistlich Ewiger mit dem zeitlos reinen, liebenden Wesen Gottes, der in Materie, Zeit und Raum der Menschen eingetaucht war.

Es ist sicher unbestrittenes Wissen in jeder Küche der Welt, daß unreine Gefäße nicht mit unreinem Wasser gereinigt werden können. In der geistlichen Welt ist das genauso. Von Sünde kann nur der Sündlose befreien.

Den Ungehorsam der Menschen im Garten Eden konnte nur der Gehorsam des Menschensohnes bis ins Sterben aufheben. Lüge, Verleumdung, Furcht und Selbstsucht, die Folgen des Ungehorsams waren, konnten nur durch Wahrheit, Nächstenliebe, Furchtlosigkeit und völlige Selbsthingabe überwunden werden. Blutschuld konnte nur durch göttlich reines Blut aufgehoben werden. Und wieviel Blutschuld klebt an uns Menschen! Damit meine ich nicht nur physische Verletzungen oder gar Mord. Ich meine auch die vielen inneren Verletzungen, die wir durch Worte, Bosheit, Haß oder Nichtachtung anderen Menschen beibringen.

Hier wird oft eingewandt: Warum läßt der Gott der Bibel Blut fließen? Das ist doch grausam! Aber reden wir Menschen nicht ständig bei Sport- und Verkehrsunfällen und bei Verletzungen aus anderen Gründen von Blutopfer oder Blutzoll, als von etwas unabänderlich Hinzunehmendem? Wir reden auch von Verlust an Herzblut. Mit Grausamkeit haben dann unsere Reden nichts zu tun. Vielmehr wollen wir damit völlig richtig den Verlust von Leben oder Lebenskraft ausdrücken. Nichts anderes sagt die Bibel: »Im Blut ist das Leben« und »weil im But das Leben ist, schafft es Sühne für verwirktes Leben«.[133] Für unser durch unsere Absonderung von Gott verwirktes Leben verblutete Jesus am Kreuz. Er verschenkte sein reines Blut, damit wir wieder Zugang zu reichem Leben, wieder Gemeinschaft mit Gott finden und mit ihm leben können.

Jesus war in Fleisch und Blut höchst verletzbar. Er hatte weder leiblichen Schutz durch eine Leibwache, noch war seine tiefe, innige Verbindung zu Gott geschützt. Er war jeder physischen und geistlichen Verletzung ausgesetzt. Jede Gottferne, jede Sünde schmerzte ihn zutiefst. Doch er hatte den Auftrag, am Kreuz als Ewiger und Unendlicher alle Sünde der Welt, die vergangene, die gegenwärtige und die zukünftige auf sich zu nehmen, zu tragen und zu sühnen. Welch unendlicher Schmerz, der dort auf ihn wartete!

Wie schwer es Jesus als Menschensohn Gottes fiel, diesen tiefen, für einen normalen Menschen untragbaren Schmerz auf sich zu nehmen, können wir uns vielleicht vergegenwärtigen, wenn wir die Schmerzenstränen nachfühlen, die Jesus unter Traurigkeit und Zittern am Tag vor der Kreuzigung weinte, und sein Gebet lesen: »Mein Vater, wenn es möglich ist, laß diesen Leidenskelch an mir vorübergehen! Aber es soll geschehen, was du willst, nicht was ich will.«[134] Jesus wußte, was auf ihn zukam. Er hätte irgendwo in die Wüste fliehen können. Niemand hätte ihn daran gehindert, und niemand hätte ihn finden können. Aber da haben wir wieder den gehorsamen Sohn Gottes. Er tat es nicht, er beugte sich dem Willen des Vaters.

Dieser physisch und geistlich zutiefst verletzbare Jesus, die Liebe Gottes in Menschengestalt, ließ sich selbstlos beschimpfen, quälen und ans Kreuz nageln, und er ertrug die Sünde der Welt. Er wurde der Schmerz des Vaters und verblutete zur Tilgung der Sünde, der Gottferne, die den Tod für Gott beinhaltet. Das konnte er nur ganz allein. Dabei mußte sogar Gott fern sein. Das erste »Muß« in der Bibel, der geistliche Tod der Menschen für Gott nach dem Essen von der Frucht menschlicher Selbstherrlichkeit, hatte das zweite »Muß« in der Bibel zur Folge: Das Fernsein Gottes bei dem Sieg über diesen Tod mitten in Raum und Zeit der Menschen. Gottes ewiges Wesen ist unvereinbar mit menschlicher Selbstherrlichkeit, die Jesus am Kreuz ertrug. Für Jesus war das Fernsein von Gott der zweite große Schmerz, der am Kreuz auf ihm lastete.

Wenn wir uns all dies vergegenwärtigen, dann können wir eher verstehen, daß Jesus am Kreuz den Beginn des rund tausend Jahre früher geschriebenen Psalms 22 sagte, der das Kreuzesgeschehen und -leiden genau beschreibt: »Mein Gott, mein Gott, warum hast du mich verlassen?«[135] Wir ahnen andererseits, daß sein Vater, dessen Schmerz er trug, so nah bei ihm war, daß Jesus ihn um Vergebung für seine Peiniger bitten konnte. Wir können auch verstehen, daß der bis zum Sterben gehorsame Menschensohn schließlich den Kopf neigte und mit den Worten starb: »Jetzt ist alles vollendet.«[136]

Mit dem Sterben war nämlich die schwerste Aufgabe Jesu erfüllt, den Sieg über die Sünde der Menschen, über ihren Tod vor Gott, und damit die Aufhebung der Trennung zwischen Gott und seinen Geschöpfen, den Menschen. Das ist das Zentrum der Bibel. Das konnte nur der Ewige bewirken, der in Zeit und Raum getaucht war, also der dem Wesen Gottes gleiche Gottes- und Menschensohn. Der Code der Sünde war durch ihn gebrochen. Der Code der Gnade für uns Menschen aus der Liebe Gottes hat seinen Beginn im Kreuzesleid und im siegreichen Sterben Jesu am Kreuz. Das war das zentrale Anliegen Gottes bei der Menschwerdung Jesu. Der Sieg am Kreuz ist, wie gesagt, das zweite »Muß«, die zweite Notwendigkeit in der Bibel, um das erste »Muß«, die selbstherrlich von den Menschen gewollte Trennung von Gott im Garten Eden wieder aufzuheben. Ansonsten gibt es in der Bibel »Soll-Bestimmungen«, die den Menschen die Freiheit zur Einhaltung und Befolgung belassen. Vielleicht bekommt nun das Leiden und Sterben des gekreuzigten Jesus und das Symbol des Kreuzes einen ganz tiefen Sinn in Ihrem Herzen. Vielleicht wird nun die Aussage Jesu, daß er der Weg zum wahren Leben mit Gott ist, wirklich lebendig in Ihnen. Für mich gehört das innere Erfassen des Geschehens am Kreuz von Golgatha zum tiefsten Erleben in meinem Glaubensleben.

Der Sieg Jesu über die Sünde beinhaltet zugleich seinen Sieg über den Sündenveranlasser, den Menschenverführer, über Satan. Dessen Macht über Menschen, die sich Gott zuwenden, ist durch den Gekreuzigten zerbrochen. Der Gott der Gnade herrscht für sie. Die Geistmacht, Luzifer, die schon in Zeit und Raum verbannt und durch diese begrenzt ist, weiß, daß sie nun auch in Raum und Zeit besiegt ist. Sie sieht dem Todesurteil und dem Urteilsvollzug entgegen. Auch das wird im letzten Buch der Bibel, der Offenbarung, beschrieben.

Nun ist es einer ernsten Frage wert, ob wir Menschen uns einem Besiegten und Todgeweihten anvertrauen und ihn noch Macht über uns ausüben lassen wollen oder nicht. Die todgeweihte Geistmacht des absolut Bösen kann kein Erbarmen kennen. Erbarmen widerspricht ihrem Wesen. Sie ist eben die absolute Negation von Gottes Wesen. Für sie gibt es nur den totalen Sieg oder den totalen Untergang, der alle Mitläufer mitreißt.

Satan versucht, noch möglichst viele Geschöpfe mit sich in den Untergang zu ziehen, nämlich alle diejenigen, die sich nicht zu Gott hinwenden wollen. Mit allen Verführungskünsten der Verwirrung und mit Irrlichtwelten versucht er, den Menschen, diesen Geschöpfen Gottes, bis zur letzten Sekunde ihres Lebens sein Antiwesen zu Gott schmackhaft zu machen. Selbstgefällige kleine und große Lügen, Stolz, Macht, Selbstverherrlichung usw. – wir kennen das alles aus unserm eigenen Leben – sind Früchte seiner Scheinwelt, die er uns anbietet, und die uns so wohlschmeckend erscheinen. Abhängigkeit der Menschen von den vielen »Genüssen« seiner Scheinwelt bis zu Süchten sind seine Ziele. Wollen wir uns solchen Abhängigkeiten und Süchten ausliefern?

Durch Gottes Offenbarung in der Bibel wissen wir, daß der Sieg des Gottes- und Menschensohnes am Kreuz uns von allen solchen Abhängigkeiten befreit. Wir brauchen nicht mehr abgesondert von Gott zu sündigen. Wir brauchen auch keine Angst mehr vor dem Veranlasser zu haben. Er ist besiegt für uns! Wir brauchen diesen Sieg nur in Anspruch zu nehmen. Durch den Gekreuzigten schenkt

Gott uns den Code der Gnade, mit dem unser Wesen hin zu seinem Wesen umgeformt werden kann, der uns also wieder umzupolen vermag. Es liegt an uns, an jedem einzelnen Menschen, ob er sich für den Wandel vom Code der Sünde zum Code der Gnade öffnen will, ob er die Gnadengeschenke Gottes annehmen möchte und damit den Kern seines Wesens umwandeln lassen möchte. Der Code der Gnade führt wieder hin zur Gemeinschaft mit Gott. Er möchte uns ganz reich beschenken, ohne uns zu zwingen. Ich habe erlebt und erlebe es täglich neu, wie unser Leben reich wird durch diese Gnadengeschenke, auch wenn manche Situation für uns Menschen schwer zu ertragen sein mag.

Der Auferstandene und das Geschenk des ewigen Lebens

Den Auferstandenen glaubend zu verstehen, ist mir in der »Ja-aber-Zeit« viel leichter gefallen als das Erfassen des Geschehens am Kreuz. Dabei haben mir auch die Ergebnisse der modernen Physik weitergeholfen. Der Menschensohn Gottes, Jesus, ist am Kreuz verblutet und gestorben. Sein irdischer Leib war tot. Doch seine Personalität lebte weiter. Aber Jesus kann nicht aufgeteilt werden in nichtigen Leib, wertvolle Seele und göttlichen Geist, wie es west-östliche Religionen tun. Sein Leib, sein Geist und seine Seele waren eines, nämlich menschgewordenes, reines Wesen Gottes. Auch sein Leib war rein und heilig. Diesen holte Gott mit der Auferstehung als geistlichen, unverweslichen Leib zurück in seine raum- und zeitlose Geistwelt. Jesus wurde wieder das ewige »Ich bin«. Vielleicht haben wir dieses »Ich bin« im Ohr, das Jesus so oft gesagt hat: »Ich bin der Weg« oder »Ich bin das Leben«. Im letzten Buch der Bibel, der Offenbarung, lesen wir, wie Jesus von sich sagt: »Ich bin der Erste und der Letzte. Ich bin der Lebendige! . . .

Nun lebe ich in alle Ewigkeit. Ich habe Macht über den Tod und die Totenwelt.«[137] Jesus hat nicht nur den Tod besiegt; ihm ist damit auch die Macht über die Totenwelt übergeben.

Er lebt als ganzer Jesus, wie wir ihn aus der Bibel kennen. Mit der Auferstehung hat er wieder Anteil an Gottes Herrschaft über Materie, Raum und Zeit. So konnte er seinen Jüngern und vielen anderen auch leibhaftig erscheinen. Wenn schon physikalisch nachweisbar ein Neutrino, jenes subatomare Teilchen an der Grenze zwischen Materie und Geist, das wir früher betrachtet haben, in Lichtgeschwindigkeit ungehindert dickste Widerstände durchdringt, dann kann das doch der Teilhaber an der Herrschaft über Materie, Raum und Zeit erst recht. Das ist dann doch etwas völlig Normales für Jesus, den Auferstandenen.

So gesehen, sind die Augenzeugenberichte über das Erscheinen des auferstandenen Jesus etwas ganz Normales und keine phantastischen Visionen. Er konnte und kann eben durch verschlossene Türen kommen, durch dieselben wieder gehen, plötzlich da sein und nach Beendigung des von ihm gewollten Gesprächs ebenso wieder verschwinden. Als Ewiger und raumlos Allgegenwärtiger nimmt er vorübergehend menschliche Gestalt an. So wird das für die Jünger zunächst Unfaßbare für uns denkbar.

Durch die Auferstehung wird Jesus Christus zugleich für uns ein ewiges Geschenk Gottes. Als Auferstandener hat Jesus gesagt: »Ich bin immer bei euch, jeden Tag, bis zum Ende der Welt.«[138] Für mich ist er ein echtes, vertrauenswürdiges Geschenk. Wenn sich hingegen endliche und begrenzte Menschen selbst mit Göttlichkeit schmücken und »beschenken« wollen, dann ist das für mich eine unechte Nachahmung im Zustand eitler Verwirrung.

Jesus hat uns auf der Erde die Gemeinschaft mit Gottes Wesen vorgelebt. Am Anfang der Bibel steht, daß Gott die Menschen nach seinem Abbild[139], nach seinem Wesensabdruck schuf. Wir wissen, wie die Menschen im Garten Eden dieses Menschenbild Gottes zerstört haben. So ist der ganze Jesus Christus das Vorbild für uns Menschen. Er ist das in uns hineingelegte Menschenbild Gottes nach unserer geistlichen Neugeburt, nach unserer bewußten Hinwendung zu Gott und mit dem Wirken des Codes der Gnade in uns. Das ist der Sinn geistlicher Neugeburt. Das meint Jesus, wenn er sagt: »Nur wer von neuem geboren ist, wird Gottes neue Welt zu sehen bekommen . . . Geistliches aber kann nur vom Geist Gottes geboren werden.«[140] Und diese geistliche Neugeburt geschieht in unserem ganz konkreten irdischen Leben, wenn wir uns bewußt zu Gott hinwenden, nicht aber durch Wanderungen »unsterblicher Seelen« durch viele leibliche Körper, durch Wiederverkörperung, durch Reinkarnation.

Was heißt das, geistliche Neugeburt? In unserer Zeit ist so viel vom Spirituellen, vom Geistigen die Rede. Ich möchte den Unterschied zwischen »geistlich« und »geistig« an zwei Beispielen verdeutlichen.

Ein Mensch, also ein in Materie, Raum und Zeit eingebundes Geschöpf Gottes, kann hier auf der Erde sehr angenehm leiblich (physisch) leben und dabei auch noch recht ansehnlich aussehen. Er kann zugleich mit einem besonders gut arbeitenden logischen Verstand ausgestattet sein. Man bezeichnet ihn dann als intelligent. Er kann zudem noch mit geschätzten geistigen Werten und Motiven, wie Ehre, Friedlichkeit, Güte, Hilfsbereitschaft usw. das für ihn Bestmögliche zu leisten und zu erreichen versuchen, also insgesamt ein geachtetes und beneidetes leibliches und geistiges Leben führen. Dennoch kann derselbe Mensch geistlich tot sein, nämlich dann, wenn er sich von Gott abgesondert hat, aus Gottes Sicht sündig ist. Die Bibel sagt: »Die Macht des Todes kommt von der Sünde.«[141] Für Gott ist dieser in der Welt so sehr geschätzte und geachtete Mensch geistlich tot.

Umgekehrt kann ein leiblich unansehnlicher oder häßlicher, kranker oder verkrüppelter Mensch mit wenig logischem Verstand aus der Sicht von Menschen eher dahinvegetieren. Dieser Mensch kann aber ein ganz erfülltes geistliches Leben in der täglichen Hinwendung zu Gott führen. Aus Gottes Sicht hat dieser Mensch ein reiches geistliches Leben. Er lebt in der Nähe zu Gott. Er lebt Gottes Frieden, Liebe und Freude, wonach sich so viele Menschen »jenseits von Eden« in stillen Minuten sehnen. Ist für diesen Menschen dann noch Hochachtung in der Welt wichtig? Das sind sicher zwei extreme Beispiele. Aber sie verdeutlichen, so meine ich, den Unterschied zwischen geistlichem Tod und Leben.

Gott schaut bei der Beurteilung der Menschen in ihre Herzen. Äußere Pracht beeindruckt ihn nicht; ebenso wenig hohe Intelligenz. Für Gott zählt allein die Ausrichtung, die Motivation des Herzens. Menschen, die sich auf Gott ausrichten, schenkt er ein erfülltes, lichtes Leben. In der Bibel wird ihnen zugerufen: »Nehmt Gott selbst zum Vorbild! Ihr seid doch seine geliebten Kinder.«[142] Ein Kind Gottes ist geistlich neugeboren.

Mit der geistlichen Neugeburt haben wir Menschen schon in diesem ganz konkreten Leben ein Bürgerrecht, unseren ersten Wohnsitz in der Welt Gottes, in der sein Wesen regiert, in der Jesus Christus König ist. Das ist das Königtum, von dem Jesus zum römischen Statthalter Pilatus sprach: »Mein Königtum stammt nicht von dieser Welt.« Mit dieser geistlichen Neugeburt leben wir auf der Erde. Diese Erde ist gewissermaßen unser zweiter Wohnsitz. Und wir sollen diesen Wohnsitz ausfüllen und ihm nicht »entschweben«. Wir sollen in dieser Welt sein, uns aber nicht von ihren Verwirrungen regieren lassen. Vielmehr ist auch hier auf der Erde Jesus Christus unser Heiland, Hirte und Vorbild.

Als auferstandener, ganzer Jesus Christus hat er schließlich die weiteren Aufträge zu erfüllen, die ihm Gott gegeben hat. So ist er nun auch der Fürsprecher für die Gott zugewendeten Menschen, und er ist Richter aller Menschen. Diese Aufgaben erfüllt er mit derselben Treue und Hingabe, wie er das auf der Erde getan hat. Er ist der »Erste und der Letzte«, wie er es selbst gesagt hat, bis er selbst mit der

Gott zugewandten Menschengemeinde wieder völlig bei Gott vereint ist[131]. Bei einem solchen geistlichen Herrn und Gestalter meines Lebens fühle ich mich sicher geführt und gut aufgehoben, ganz gleich, was hier auf der Erde noch auf mich wartet.

Heiliger Geist Gottes

Jesus hat, als er noch Gottes- und Menschensohn auf der Erde war, uns Menschen gesagt, daß er uns Gottes Heiligen Geist, der ebenso sein Geist ist, senden werde, wenn er wieder zum Vater zurückgekehrt ist. Er nannte ihn den Geist, der uns Menschen in die Wahrheit führen wird. »Wenn der Geist der Wahrheit kommt, wird er euch in die ganze Wahrheit einführen. Was er euch sagen wird, hat er nicht von sich selbst, sondern er wird euch sagen, was er hört. Er wird euch in Zukunft den Weg weisen . . . Was er an euch weitergibt, hat er von mir.«[143]

Jesus ist als Auferstandener vierzig Tage lang immer wieder zu seinen Jüngern in Menschengestalt gekommen und hat mit ihnen über das Reich Gottes gesprochen. Als er zum letzten Mal zu ihnen kam, sagte er ihnen: »Bleibt in Jerusalem und wartet auf den heiligen Geist, den euch mein Vater versprochen hat und den ich euch angekündigt habe . . . Ihr werdet vom Geist Gottes erfüllt werden.«[144] Inzwischen war die Anhängerschaft Jesu in Jerusalem auf etwa 120 Personen angewachsen. Sie alle wurden am jüdischen Pfingstfest vom Geist Gottes erfüllt.[145].

Was ist das, dieser Heilige Geist Gottes? Er ist der Geist der Gnadengeschenke, der Gnadengaben Gottes, im Griechischen »Charismen« genannt, die uns in Materie, Raum und Zeit lebenden Menschen zu Kindern Gottes umformen, wenn wir uns für diesen Geist öffnen. Geist formt die Materie und Heiliger Geist formt den geistlichen inneren Menschen, formt die geistlich neugeborenen Menschen zu Kindern Gottes und zur Gemeinde Jesu.

Heiliger Geist verändert das Wesen der zu Gott hingewendeten Menschen und gestaltet sie immer mehr zu Gottes Ebenbild. Die Bibel sagt: »Der Geist Gottes . . . läßt als Frucht eine Fülle von Gutem wachsen, nämlich Liebe, Freude, Frieden, Geduld, Freundlichkeit, Güte, Treue, Nachsicht und Selbstbeherrschung.«[146] Das sind alles Wesenszüge, die wir auch als Wesenszüge Gottes kennengelernt haben. In stillen Minuten tragen wir sie als große Sehnsucht in unseren Herzen.

Der Heilige Geist schenkt Erkenntnis und Weisheit.[147] Sie lassen uns die Offenbarung Gottes in der Bibel von Herzen erfassen und sie verstehen. Sie lassen uns auch verwirrende Umdeutungen des Wortes Gottes erkennen und behüten uns vor Verwirrung und dem Verwirrer. Sie schaffen Klarheit in Kopf und Herzen.

Der Heilige Geist vertieft unsere Gemeinschaft mit Gott und mit dem ihm wesensgleichen Jesus Christus als unserem fürsorglichen Hirten. Der Heilige Geist läßt uns in der Gemeinschaft mit Jesus an Wundern teilhaben, die mit dem Verstand nicht begreifbar sind. Der Ewige, Allgegenwärtige und Allmächtige kann eben alles bewirken bis in den feinsten subatomaren Raum hinein, auch bei uns Menschen, dort, wo Materie in Geist übergeht. So kann sein Geist schwerste, in ihren Ursachen von uns nicht mehr erkennbare Krankheiten heilen, Seelenwunden, innere Verletzungen verbinden und verheilen lassen, scheinbar unüberwindliche Schwierigkeiten wegräumen, von Abhängigkeiten befreien, auch von Drogen, völlig verwickelte Verwirrungen entwirren und vieles, vieles mehr, was wir Menschen nicht können, geschweige denn begreifen können. So ist der Heilige Geist Gottes auch der Geist der Heilung und der Wunder.[148] Aber solche Heilungen und Wunder sind eben nur in inniger Verbindung mit dem Geistgeber, mit Gott und unserem Heiland, Jesus Christus, möglich. Für Gottes heiligen Geist sind solche Werke und Wunder normal.

Darum mahnt uns Jesus, in innigster Verbindung mit ihm zu bleiben. Er sagt: »Ich bin der wahre Weinstock, und mein Vater ist der Weinbauer ... Ich bin der Weinstock und ihr seid die Reben. Wer in mir lebt, so wie ich in ihm, der bringt reiche Frucht ... Es soll Frucht sein, die Bestand hat.«[149] Auf reine, gesunde Frucht, die Bestand hat, legt Jesus großen Wert. Auch Diabolos, der Verwirrer, Luzifer, das Irrlicht, kann uns mit erstaunlichen Werken und Wundern überraschen. Damit stiftet er viel Erstaunen und Verwirrung. Nur ist solchen Werken und Wundern gemeinsam: Sie haben keinen Bestand!

Sie sind wie ihr Veranlasser: kurzlebige, eitle Lüge! Infam wird die Lüge Luzifers, wenn er Menschen zu der Annahme veranlaßt, sie könnten aus sich selbst heraus, aus ihrer selbstherrlichen Göttlichkeit und ihrer Teilhabe an kosmisch- göttlichem Geist heraus, erstaunliche Werke und Wunder vollbringen. Das ist Geistesgut westöstlicher Religionen. Und am infamsten wird seine Lüge, wenn sie so manches Mitglied einer christlichen Gruppierung veranlaßt, in eitler Selbstüberschätzung auf scheinbar selbst vollbrachte Werke und Wunder zu schauen und sie und sich bestaunen zu lassen, darüber aber den eigentlichen Geber, Jesus Christus, zu vergessen. Mancher Streit, auch unter christlichem Segel, der als geistliche Auseinandersetzung ausgegeben wird, ist in Wirklichkeit Streit eitler Menschen. Es ist besser, wir besinnen uns auf den Geber aller Gnadengaben und -geschenke Gottes und leben in inniger Verbindung mit ihm; viel Streit kann vermieden werden.

Meine Frau und ich haben in den letzten Jahren viele rational nicht erklärbare Wunder in dieser engen Gemeinschaft mit Gott und Jesus Christus erlebt. Aber ich mußte auch lernen, daß das Schauen auf Wunder und Werke aus persönlicher Eitelkeit sofort die Verbindung zum Geber der Gaben und Begabungen, zu Jesus Christus, unterbricht. Die Gemeinschaft mit Gott war dann wie weggeblasen, und Freude, Friede, Geduld, Freundlichkeit, Vertrauen und Liebe zu Gott und den Mitmenschen verließen mich. Dafür kehrten Kritikgeist, Besserwisserei, Ängstlichkeit, Ich-Bezogenheit und innere Friedlosigkeit ein, auch bei noch so gepflegter äußerer Fassade.

Darum ist für mich die Zusage Gottes in der Bibel, die wir auf unsere Heiratsanzeige geschrieben haben, ein tägliches Geschenk und eine tägliche Aufgabe zugleich: »Mitten in all dem triumphieren wir mit Hilfe dessen, der uns seine Liebe erwiesen hat. Ich bin gewiß, daß uns nichts von dieser Liebe trennen kann: weder Tod noch Leben, weder Engel noch andere Mächte, weder Gegenwärtiges noch Zukünftiges, weder etwas im Himmel noch etwas in der Hölle.«[150] Wir vertrauen dem Heiligen Geist Gottes, daß er uns so führen wird, ganz gleich, was die Zukunft für uns noch bereit hält.

Sind Christen arrogant?

Manchmal ja! Es gibt Menschen, die sich als Christen bezeichnen und bei ihren Mitmenschen den Eindruck fördern, sie hätten alles Heil und das Himmelreich gepachtet, weil sie den richtigen Pachtzins mit »gottwohlgefälligen Leistungen« zahlen. Sie mögen aus menschlicher Sicht sehr edel und religiös sein. Aber für sie ist die gute Nachricht Gottes nicht Zentrum ihres Glaubens und Handelns. Vielmehr sind sie auf dem Weg, westöstlich religiös zu werden. Wenn Werke, auch christliche, und deren »Macher« verherrlicht werden und Wunder, auch auf Glauben bezogene, und die Wundertäter bewundert werden, dann geschieht dies unter Loslösung vom Herrn über Materie, Raum und Zeit, von Gott und vom Gottes- und Menschensohn, Jesus Christus. Die Bibel bezeichnet dies schlicht als Zauberei[151], denn hier geschieht keine Nachfolge, zu der uns Jesus aufruft, sondern Abwendung von Gott hin zum besonders wertvollen Menschen, der Bewunderung seiner Werke und Wunder wünscht oder fordert. »Ach, wie bin ich doch so gut und edel.« Wer will nicht zumindest ab und zu der gute, edle Ritter sein? Nur wenn daraus Selbstgerechtigkeit entsteht, wirkt das arrogant.

Echte Nachfolge Jesu bedeutet gläubige Herzen, die auf den Heiland und Retter Jesus Christus ausgerichtet sind, und die mit dieser Motivation ihren prüfenden Verstand einsetzen, die also Gott mit allem, mit ganzem Herzen, ganzer Seele und auch mit ganzem Verstand lieben, sich selbst so annehmen, lieben und eben diese Liebe auf ihren Nächsten richten. Für unseren Verstand bleibt dann noch reichlich zu tun, ja, er wird freigesetzt für diejenigen Aufgaben, für die er uns geschenkt ist. Wir sollen ihn nämlich optimal nutzen innerhalb der Grenzen von Raum und Zeit und dort prüfen, ordnen und gestalten. Da gibt es wahrlich sehr viel zu tun, im Beruf wie im Privatleben. Wir sollen aber nicht unsere Verstandesgrenzen überspringen, auch nicht unter den Deckmänteln der Theologie oder ganzheitlicher Wissenschaft.

Zugegeben, das erscheint uns oft nicht leicht. Aber Menschen in der Nachfolge Jesu können warten, bis ihnen Gott das Wollen und Vollbringen schenkt. Sie wissen, daß sie den Code der Sünde vom Mutterleib an in sich getragen haben, und daß sie oft auch jetzt noch anfällig für Verwirrungen in dieser Welt sind. Sie kennen ihre eigene Fehlbarkeit und Schwäche. Sie wissen, daß sie den Code der Gnade von Gott geschenkt bekommen haben und aus den Gnadengeschenken heraus mit Gott leben. Solche Menschen sind wahrhaft demütig vor Gott, das heißt, sie haben den Mut, Gott zu dienen, denn Demut heißt »Dienemut«. Sie lassen es nicht zu, daß sie wegen Werken und Wundern, die Jesus Christus durch sie, durch ihren Dienst bewirkt, bewundert werden. Vielmehr sind sie mit dem Geber, Jesus Christus, ganz eng verbunden. Sie kleben an ihm und leben durch ihn. Das stimmt im wahren Sinne des Wortes, denn »leben« hat seinen Wortstamm in »kleben«. Solche Menschen Gottes sind nicht arrogant! Ganz im Gegenteil! Sie leben und lieben dubezogen. Solches Leben und solche Liebe sucht nicht Vorteile und Ehre für sich selbst.

Wer hingegen sein Herz mit Ich-Herrlichkeit angefüllt hat, kann in seinem Herzen keinen Platz mehr für die Gnadengeschenke Gottes haben. Diese Menschen zeichnen sich vielleicht durch »Demut vor der Natur« aus, also Dienemut an dem Geschaffenen und damit auch an sich selbst. Sie dienen dann aber nicht dem Schöpfer alles Geschaffenen, sondern sich selbst und ihren Lebensgrundlagen, zum Beispiel auch der Natur, aus Eigenliebe. Hier herrscht wirklich Arroganz. Sie ist ein Merkmal westöstlicher Religionen. In diesem Fall ist, so meine ich, der Vorwurf, Christen seien arrogant, zurückzuweisen. Dieser Vorwurf trifft vielmehr diejenigen, die ihn erheben.

IV. Antworten auf die sechs Behauptungen

Im Abschnitt »Zwischenbilanz« wurden die Kernaussagen westöstlicher Religionen in sechs Behauptungen zusammengefaßt und die Frage gestellt, ob dies nicht ein Wunschfahrplan der Vermessenheit sei. Ich möchte nun versuchen, auf der Grundlage der Bibel erste Antworten auf diese sechs Behauptungen zu geben, so wie ich sie heute sehe.

Es liegt mir nicht daran, Menschen in seelische Zwangssituationen zu bringen. Gottes Liebe läßt die freie Entscheidung für oder gegen ihn. Jeder bewußt lebende Mensch hat für sich selbst zu entscheiden. Nur – davon bin ich überzeugt – entscheiden muß sich jeder Mensch. Das kann ihm kein anderer abnehmen. Es gibt keine entscheidungsfreien Räume, keine neutralen Zonen, in die man sich für sein ganzes Leben zurückziehen kann. Man kann Entscheidungen aufschieben.

Es können nicht zwei Regierungen in einem Land regieren – eine diktatorische mit allen Zwangsmitteln und eine demokratische mit Freiheiten und Rechten für die Bürger. Irgendwann muß entschieden werden, in welche Richtung es in diesem Land jetzt gehen soll. Schon auf staatlicher Ebene gibt es keine entscheidungsfreien Räume. Natürlich gibt es Verhandlungsphasen, aber dann muß beschlossen werden. Wer anschließend anders regiert werden will, kann je nach System bei der nächsten Wahl dagegenstimmen, oder er muß auswandern bzw. fliehen.

Für jeden bewußt lebenden Menschen gibt es Grundsatzentscheidungen, wie er grundsätzlich regiert sein will, im übertragenen Sinn, wessen Geistes Kind er sein will, denn Geist formt unser Leben. Von diesen Grundsatzentscheidungen hängt ab, welche Freiheitsgrade er anschließend für sich in Anspruch nehmen darf. Ebenso sind in der geistlichen Welt Grundsatzentscheidungen notwendig.

Dort gibt es, wie in der sichtbaren Welt, keine Neutralität. Von den geistlichen Grundsatzentscheidungen hängen dann die weiteren geistlichen Freiheitsgrade ab.

Manchmal wird mir in Diskussionen eine Entweder-Oder-Haltung vorgehalten. Das ist dann richtig, wenn es um diese geistlichen Grundentscheidungen geht. Keine Frau kann nur ein bißchen schwanger sein. Entweder ist sie schwanger, oder sie ist es nicht. Kein Mensch kann geistlich halb neugeboren sein und halb nicht. Dann ist er ein gespaltener Mensch. Er hält eine solche innere Zerreißprobe nicht aus. Bei den Grundsatzentscheidungen muß er sich ganz entscheiden. Wie er sein Leben dann gestaltet, ist eine andere Frage. Dafür gibt es vielfältige Möglichkeiten. Das Leben kann überwiegend Grau, Schwarz und Weiß enthalten. Das wäre schade. Es kann aber auch reich an Farben sein. Meine Erfahrung des Lebens mit Gott ist geprägt von Vielfarbigkeit und Gestaltungsfülle. Es ist ein reiches Abenteuer, mit diesem großen Gott zu leben.

Erwarten Sie also bei den Antworten auf die sechs Behauptungen keine geistliche Neutralität. Entweder gibt es die Wahrheit Gottes, oder es gibt viele tausend voneinander abweichende menschliche Wahrheiten und damit überhaupt keine bindende Wahrheit. Gott fordert uns bei den Grundsatzfragen unseres Lebens zu Entscheidungen auf, und das quer durch die ganze Bibel. Schon ziemlich am Beginn der Bibel sagt Gott: »Ich stelle euch heute vor die Wahl: Wollt ihr Segen oder Fluch?«[152] Um dieses Entweder-Oder geht es. Bei Jesus Christus haben wir es mit ganz klaren Grundsatzentscheidungen zu tun. Das können wir auch aus seinen Werken in seinem irdischen Leben ablesen. Denken wir zum Beispiel einerseits an seine zärtliche Fürsorge auch für den verlorensten Menschen und andererseits an die harte Reinigung des mißbrauchten Tempels von Händlern, die aus Gottes Wort ein Geschäft machen wollten[153]. Für solches Handeln ist geistliche Klarheit notwendig. Insoweit haben die nachfolgenden Antworten auch etwas mit Entscheidungsvorlagen zu tun.

Schließlich wird Ihrer Aufmerksamkeit nicht entgehen, daß in den Behauptungen westöstlicher Religionen aus biblischer Sicht zum Teil richtige Ansätze vorhanden sind. Sie bleiben aber Teilwahrheit. Sie werden nämlich genau an den Grenzen menschlichen Erkenntnisvermögens zu solchen Schlußfolgerungen herangezogen, die zur Menschenherrlichkeit führen. Gottes ganze Wahrheit über die Menschen bleibt auf der Strecke. Das ist das geschickteste Verwirrspiel des Verwirrers, auf das man dann leicht reinfällt, wenn die Ich-Aufwertung im Vordergrund steht. Doch Gott bleibt nichts verborgen, denn sein Wort »ist schärfer als jedes zweischneidige Schwert . . . Es zieht die geheimsten Wünsche und Gedanken der Menschen zur Rechenschaft.«[154] So durchschaut zu werden, ist uns höchst unangenehm; aber Gott tut es.

Erstens: Alles sei eines und gut

Das Göttliche lebe in allem, auch im Menschen, und alles sei letztlich gut. In der Bibel steht etwas ganz anderes. Gott ist nicht in allem, sondern er wirkt in alles hinein. Gott ist der Schöpfer des Universums und nicht Teil davon. Er steht seiner Schöpfung als Geistperson gegenüber. Er ist nicht an Materie, Raum und Zeit gebunden, sondern wirkt in seiner Schöpfung vom subatomaren Raum bis jenseits der Grenzen des Universums. Er ist unabhängig von jedem sogenannten »kosmischen Gesetz«. Gesetzmäßigkeiten in der Schöpfung hat er geschaffen und kann sie jederzeit aufheben. In seinem geschichtlichen Handeln tut er das ständig, ganz wie er es für richtig hält. Er ist allgegenwärtig und umspannt Vergangenheit, Gegenwart und Zukunft. Für ihn ist überall »hier« und jederzeit »jetzt«. Er ist der absolute Herr. Zu einem solchen Gott können wir Menschen nicht hinaufsteigen, sondern er beugt sich zu uns herab. Wir können von ihm nur das wissen, was er uns von sich offenbart, denn er ist jenseits unserer Erkenntnismöglichkeiten.

Die Menschen hat Gott seinem Wesen ähnlich geschaffen. Da reine Liebe nicht zwingt, hat er die Menschen mit der Freiheit der Annahme oder Ablehnung seines Wesens ausgestattet. Die Ablehnung seines Wesens, das für jeden Menschen guten Willens klar erkennbar ist, kann nicht gut sein, denn das Wesen Gottes, des Herrn über alles, ist im ganzen All und darüber hinaus verbindlich, nicht aber begrenzte menschliche Vorstellungen vom Wesen Gottes.

Jeder Mensch ist ein originales Geschöpf Gottes. Jeder ist einmalig nach der Vorstellung Gottes geschaffen unter Nichtbeachtung der vielen Varianten menschlicher Selbstschöpfungslehren.

Zugleich Kind Gottes sind diejenigen Menschen, die sich ihm zugewandt haben und mit ihm leben. Aber er ist nicht der liebende Vater aller Menschen, denn diejenigen, die sich von ihm abwenden, selbstherrlich nichts von ihm wissen wollen, haben ihre Kindschaft selbst aufgehoben. Gott ist nicht der sogenannte »gute Allvater«, sondern der Schöpfer aller.

Jeder Mensch hat die Freiheit, der Todeslinie der Menschheit »jenseits von Eden« dem Weg des Unheils und der Verwirrung, ausgestattet mit dem »Code der Sünde«, weiter zu folgen. Doch diese Abwendung führt zur Ich-Herrlichkeit und weiter zur Ich-Sucht und Ich-Gier mit der zwangsläufigen Folge des Zusammenstoßes vieler egozentrischer Ichs, also Chaos. Von Gott abgewandte Menschen bewirken letztlich den Weg ins Chaos, auch wenn sie sich noch so human geben und als verehrungswürdig gelten, geachtet sind und verkünden, nur das Beste zu wollen. Die Entscheidung für oder gegen den Gott der Bibel ist eine Grundsatzentscheidung für jeden bewußt lebenden Menschen, den Gott mit seiner Selbstoffenbarung, der Bibel, bekannt macht, ganz gleich, welcher Gesellschaftsgruppe er sich zurechnet. Sie ist keine Entscheidung des Verstandes, sondern des Herzens.

Zweitens: Der Mensch könne sich in Stufen hin zum Göttlichen entwickeln

Gott kennt unsere Ich-Liebe bis hin zur Ich-Isolation und zu den vielen Krankheiten, die aus ichbezogenen Herzens- und Seelennöten entspringen. Er kennt unsere Verwirrungen und Verblendungen. Er sieht unsere Ausweglosigkeit, auch wenn wir noch davon überzeugt sind, mit Erfolg unserer menschlichen Selbstverwirklichung, -erhöhung und -vergöttlichung nachzulaufen. Er sagt uns, daß wir unser Ich nicht in einem nächsten irdischen Leben verbessern können.

Der Vorstellung von der unsterblichen Seele, die in vielen Wiederverkörperungen, Reinkarnationen, zu ihrer Göttlichkeit hinstrebe, hält Gott die geistliche Einheit von Herz, Seele, Verstand und Leib entgegen, die als Ganzes vom Geist geformt und geprägt ist. Gott sieht keine göttliche Menschenseele. Er sieht den ganzen Menschen, sein Geschöpf. Er spricht jeden einzelnen Menschen mit dem Namen an und ruft ihn auf, den Weg der Umkehr hin zur Gemeinschaft mit ihm zu geben. Gott hat diesen Weg selbst bereitet. Er heißt: Jesus Christus!

Dieser Jesus Christus ist für jeden Menschen, dem er begegnet, die größte Glaubensherausforderung. Er ist der Stein des Anstoßes für jeden, der ihn vermenschlichen oder ignorieren will, und er ist das Fundament und der Eckstein für jeden, der sein ganzes Leben zur Umgestaltung hin zu Gottes Wesen freigibt.

Jesus Christus verkörperte während seines irdischen Lebens die innigste Verbindung zu Gott. Er war der reine Menschensohn Gottes und Gottessohn zugleich. Er verblutete als reines Opfer am Kreuz, um den Code der Sünde in den Code der Gnade für diejenigen Menschen zu verwandeln, die sich nach der Gemeinschaft mit Gott sehnen und den Weg hin zu ihm gehen wollen. Jesus ist nach dem Sterben am Kreuz als ganzer Menschen- und Gottessohn zu Gott zurückgekehrt. Er lebt, und er ist Retter, Heiland,

Hirte und Haupt für alle, die sich auf dem Weg zu Gott befinden. Bei jedem dieser Menschen bewirkt Jesus Christus die Umgestaltung durch den Code der Gnade, indem der ganze Mensch in diesem ganz konkreten Leben geistlich neu geboren wird und damit das Bürgerrecht im ewigen geistlichen Reich Gottes geschenkt bekommt. Und das geschieht schon hier auf der Erde. Die Erde bleibt gewissermaßen Jesu materieller, greifbarer Wohnsitz, solange diese Menschen hier leben. Sie sind als ganze Menschen Kinder Gottes. Ihr Vorbild und geistlicher Herr ist Jesus Christus.

Damit ist der Gottes- und Menschensohn Jesus Christus das Zentrum der ganzen guten Nachricht im Alten und Neuen Testament der Bibel. Er ist die Mitte. Auf ihn weist alles hin, und auf ihn läuft alles hinaus. Aber die manchmal zu hörende Behauptung, daß die vielen Menschen, die die biblische Botschaft nicht erreicht hat, für immer verloren seien, ist falsch. Sie steht nirgends in der Bibel.

Vielmehr sagt die Bibel, daß diese Menschen von Gott nach ihren Herzensmotiven bei all ihrem Denken und Handeln auf der Erde beurteilt werden.[155] Wir wissen, daß zu Gottes Wesensmerkmalen die Gerechtigkeit gehört. So macht Gott den einzelnen Menschen nicht für den Code der Sünde verantwortlich, den er in sich trägt. Wer mit dem Gnadengeschenk Jesu nie in Berührung kam, wird nach seinen Herzensmotiven gerichtet.

Wer aber die Möglichkeit hat, die Botschaft Jesu Christi zu hören, und sich ihr während seines irdischen Lebens verschließt, der kann Gottes größtes Gnadengeschenk, nämlich »ewiges Leben in Christus Jesus«[156] nicht nach seinem Sterben im Jenseits für sich in Anspruch nehmen. Das sagt uns Jesus selbst ganz klar.[157]

Es gilt für jeden von uns, die wir in Westeuropa oder Nordamerika häufig direkt oder indirekt mit biblischen Botschaften in Berührung kommen, sei es durch Kirchen, Zeitungsmeldungen, Rundfunksendungen und vieles mehr. Entweder wir bleiben verschlossen, oder wir öffnen uns. Dies ist wiederum eine Grundsatzentscheidung, die jeder für sich selbst zu treffen hat. Die biblische Botschaft ist eindeutig: Der heilige Gott ist weder ein Allvater noch ein Allversöhner, der selbst den Teufel noch begnadigen würde. Solche Wünsche sind Menschenträume in ihrer ganzen Begrenztheit. Das bleibt ewig mit dem reinen liebenden und gerechten Wesen Gottes unvereinbar.

Drittens: Der Tod sei gut

Wenn behauptet wird, daß der Tod notwendig sei, damit sich die unsterbliche Seele besser wiederverkörpern könne, um sich irgendwann ihrer Göttlichkeit bewußt zu werden oder im Göttlichen aufzugehen, so ist das aus Gottes Sicht eine wirklich tödliche Lüge. Nach Gottes Wort ist der Tod nicht mit dem Sterben gleichzusetzen. Der Tod ist etwas viel Schlimmeres. Er ist die ewige Gottferne des ganzen Menschen in der jenseitigen Geistwelt. Er ist die Folge von unserem selbst zu verantwortenden Getrenntbleibens von Gott während unseres irdischen Lebens.

Ewige Gottferne heißt ewiges Entferntsein von Gottes Wesen. Das heißt mit anderen Worten ewiges, also zeitloses Sein in kalter Lieblosigkeit, in glühenden Egoismen und unerfüllten Machtansprüchen, in Angst, in quälender Friedlosigkeit. Die Absonderung von Gott, der Sund zwischen Gott und uns, hat – so haben wir festgestellt – Ewigkeitsgewicht. Die Sünde ist damit keine niedliche Spielerei, sondern todernst.

Wir sollten uns immer wieder klarmachen, daß wir mit dem Sterben lediglich unseren Seinszustand ändern. Er wird geistig. Mit dem Sterben zerfallen lediglich von Geist geformte Teile und Teilchen, wie Knochen, Fleisch, Gehirn, Nerven usw. Der Geist unseres Herzens, unserer Seele, unseres Verstandes und unseres Leibes bleibt weiter bestehen und geht ins zeitlose Jenseits. An ihm klebt unlösbar alle unerlöste Sünde. Gott weiß das und möchte uns rechtzeitig hier auf der Erde befreien. Darum hat er uns mit dem Gnadenbringer und Erlöser, Jesus Christus, beschenkt. Uns bleibt jedoch, das Geschenk anzunehmen.

Alle menschlichen Vorstellungen in den westöstlichen Religionen über Verbesserungen oder Qualität der eigenen unsterblichen Seele bei zukünftigen Wiederverkörperungen brechen an Gottes Wort wie ein Kartenhaus zur Selbsttröstung zusammen. In der Bibel steht: »Wie es den Menschen gesetzt ist, einmal zu sterben, danach aber (kommt) das Gericht.«[158] Punkt! Danach gibt es keine zweite Gnadenzeit. Die uns in diesem Leben geschenkte Zeit ist unsere Gnadenzeit. Sie ist für jeden Menschen aus Gottes Sicht lang genug bemessen, um sich für oder gegen seine Gnade zu entscheiden. Das gehört zum Sinn unseres einmaligen, zeitgebundenen Lebens.

Viertens: Liebe sei Zuwendung nach eigener Wahl

Nächstenliebe sei die Liebe zu geistig oder körperlich Nahestehenden und diene letztlich der eigenen Höherentwicklung und Selbstvervollkommnung. Gottes Liebe haben wir ganz anders kennengelernt. Sie ist rein dubezogen und selbstlos. Sie ist gewaltlos und reicht bis zur Feindesliebe. So wollen auch wir lieben, ohne auszuwählen. Jesus hat sogar gesagt: »Liebt eure Feinde und betet für die, die euch verfolgen. So erweist ihr euch als Kinder eures Vaters im Himmel.«[159] Gottes Liebe verschenkt sich. Die Liebe Jesu führte bis zur Selbsthingabe am Kreuz für uns, um unsere Absonderung von Gott aufzuheben. Und diese Liebe kann von allen Menschen für das persönliche Heil in Anspruch genommen werden. Es gibt kein Exklusivrecht auf die Liebe Gottes. Sie kehrt in jeden ein, der seine eigene Fehlerhaftigkeit erkennt und sich heilen lassen will.

Liebe ohne persönliches Gegenüber ist unmöglich. Jede Liebe braucht ihr Gegenüber: den oder die Geliebten. Wir Menschen sind das Gegenüber Gottes. Die ewige

Liebe Gottes ist auf ein ewiges Gegenüber ausgerichtet. Wenn wir uns für dieses Geliebtwerden entscheiden, hat das Ewigkeitswert.

Fünftens: Gnade sei sinnlos

Jeder Mensch sei begnadet, der das im Kern Gute und Göttliche in sich selbst erkenne und sich bemühe, es zu verwirklichen. Wie kalt und gnadenlos ist solche Erkenntnis! Wir haben die Gnade Gottes als den höchsten Ausdruck seiner Liebe zu uns kennengelernt. Gnade beinhaltet laut Duden: Gunst, Zuneigung, Wohlgefallen. Gottes Gnade ist Ausdruck seiner liebenden Zuneigung zu uns Menschen. Gottes Gnade ist die Erfüllung seiner Gerechtigkeit. Durch das Opfer des Gottes- und Menschensohnes Jesus Christus am Kreuz für uns ist unsere Abkehr, unsere Sünde und Schuld mit Ewigkeitsgewicht weggenommen. Wir brauchen sie nicht mehr in die jenseitige Geistwelt mitzuschleppen. Wir sind von diesen Lasten erlöst und können uns nun daran machen, durch unsere Sünde verursachte materielle Schäden wieder in Ordnung zu bringen. Doch auch hierbei sieht Gott unsere Herzensmotivation, und bei echtem Wunsch zum Abtragen von Schuld schenkt er uns nicht nur guten Willen, sondern auch das Zustandebringen.[160] Er hilft uns und sorgt für uns.

Die Bibel sagt: »Die Sünde zahlt ihren Lohn: den Tod. Gott dagegen macht uns ein unverdientes Geschenk: Durch Jesus Christus, unseren Herrn, schenkt er uns ein Leben, das keinen Tod mehr kennt.«[161] Das ist das größte Gnadengeschenk Gottes.

Sechstens: Der Meister aller guten Lehrer der Menschen werde der Meister Christus sein

Dieser Maitreya Christus werde bald kommen und an der Spitze aller erleuchteten Lehrer stehen, die die Menschen zur göttlichen Selbstverwirklichung führen. Nach der biblischen Offenbarung kann ein solcher Meister nur ein Anti-Jesus Christus sein, ein Meister der Verwirrung, Verblendung und Lüge.

Wir wissen, der Jesus Christus der guten Nachricht Gottes ist ganz anders. Er ist die Verwirklichung des Gebets, das er uns gelehrt hat, als er auf der Erde war: »Unser Vater, der du bist in den Himmeln, geheiligt werde dein Name!«[162] Gottes Name ist heilig, nicht unserer, der Name eines selbstherrlichen Menschen. »Dein Reich komme!« Das geistliche Reich Gottes soll kommen, nicht das irdische Reich der Menschengötter, das neue Zeitalter, die neue Welt der göttlich erleuchteten Menschen. »Dein Wille geschehe!« Der Wille Gottes ist gefragt, und nicht überheblicher Menschenwille. Und all dies soll nicht nur im Himmel, sondern auch auf der Erde geschehen.[163] Damit ist Jesus Christus der Beginn des geistlichen Reiches Gottes schon hier auf der Erde in der Gemeinschaft mit Gott. Und jeder Mensch, der dieses Gnadengeschenk Gottes annimmt, ist Bürger des Reiches Gottes schon auf der Erde, des Reiches der Liebe, Gerechtigkeit, Gnade und Treue, in dem Geborgenheit, Freude und innerer Herzensfriede zu Hause sind. Dieses Gnadengeschenk Gottes kann jeder Mensch erlangen, der es wagt, sich ganz Gott zuzuwenden. Ich denke, das ist ein wirklich erstrebenswertes Ziel.

V. Zum Schluß

Immer mehr Menschen fragen heute wieder nach einer tragfähigen Sinngebung für ihr Leben. Die Zeit der großen Revolutionen und Umsturzsehnsüchte ist vorbei. Echte Sinngebung hat die klassische und postmoderne Linke nie geleistet. Liberales Karrieremachen, wie es unsere Väter vorführten, ist ganz schön, erfüllt aber nicht. Religiöse Verinnerlichung ist wieder gefragt, und die Sehnsucht nach einer hellen, friedlichen Menschheit drängt sich nach vorn. Dabei wollen viele Menschen ihre Grenzen, in die sie räumlich und zeitlich eingebunden sind, überspringen. Andere erkennen mit Erstaunen und Erschauern die Begrenztheit unserer sogenannten ganzheitlichen Erkenntnisse und unserer Handlungsfähigkeiten durch menschliche Fehlerquellen angesichts scheinbar unbegrenzter technischer Möglichkeiten. Seit einigen Jahren leben wir in einem Weichbild vieler Hoffnungen auf eine Umgestaltung menschlicher Daseinsbedingungen und auf innere Erfüllung.

Die erhabene, höchst moderne und über kosmische Grenzen hinaus greifende Offenbarung Gottes in der Bibel ist eigentlich wieder aktuell. Ihre Glaubwürdigkeit nimmt bei nachdenklichen und verantwortungsbewußten Menschen zu. Außerdem spricht sie den ganzen Menschen an. Sie ist im wahren Sinn des Wortes ganzheitlich, und sie will ganzheitlich erfaßt werden. Wer daher die Bibel nur mit gedrillter Analyse des kritischen Verstandes angehen will, der sollte es lieber sein lassen. Er wird die Bibel nie begreifen. Die Offenbarung Gottes spricht die Sprache des Herzens. Sie ist sein Liebesbrief an die Menschen, und einen Liebesbrief liest man mit dem Herzen, oder man nimmt ihn ohne Gegenliebe mit dem Verstand zur Kenntnis, um ihn »links liegen zu lassen« (in der linken Gehirnhälfte) oder zu verwerfen.

Wer die Bibel mit den »Augen des Herzens« aufnimmt

und mit den »Ohren des Herzens« in sie hineinhört, wird sie im Innersten verstehen. Gott wünscht unsere Hinwendung zu ihm und gibt dem immer neu Ausdruck. Mit dieser Hinwendung – das haben wir gesehen – ist unsere innere Gesundheit, Geborgenheit, Freude und Freiheit, unser Frieden und Schutz und oft auch echtes inneres Jubeln verbunden. Mit der Hinwendung zu Gott erleben wir also Freisetzung von wirklichem Leben, das heute wieder mehr hinter allem vordergründigen Erleben gefragt ist. Gott hat für jeden eine ganz persönliche Geschichte im Leben mit ihm bereitet. Diese Geschichte kann voller Abenteuer sein, mehr als in jedem Science-fiction- oder Abenteuerroman.

Manchmal höre ich den Einwand: Wie kann ein halbwegs kluger Mensch einen solch einfachen Glauben leben, wie er durch die Bibel an uns herangetragen wird? Unsere komplizierte wirtschaftliche, technische und politische Welt sei mit einem solch einfachen, ja naiven Glauben nicht vereinbar. Hier möchte ich am Schluß eine letzte Antwort aus der Bibel und aus der eigenen Erfahrung geben. Jesus Christus sagt: »Wer sich der Liebe Gottes nicht wie ein Kind öffnet, wird sie niemals erfahren.«[164] Ja, das fällt uns so schwer. Ein Kind kann sich über ein liebes Geschenk noch echt freuen.

Sollten wir hier nicht manchmal auf Kinder schauen und von ihnen wieder lernen, Geschenke mit echter Freude anzunehmen? Und das gilt ganz besonders für das Liebesgeschenk Gottes, dieses ewige Leben mit Gott durch Jesus Christus. Und wenn dann die Einwände der Unvereinbarkeit mit dem komplizierten Leben in Ihnen hochkommen, dann möchte ich mit meiner persönlichen Erfahrung antworten.

Beruflich stehe ich mit einiger Verantwortung genau an Schnittlinien zwischen Wirtschaft, Technik und Politik. Mein einfacher biblischer Glaube erfüllt mich, und er macht mich zugleich frei für eine ganz konzentrierte berufliche Sach- und Facharbeit innerhalb der uns Menschen gesetzten Denk- und Handlungsgrenzen. Die manchmal von Mitmenschen vermutete innere Spaltung spüre ich nicht. Sie existiert nicht. Vielmehr bitte ich täglich, daß die Hinwendung zu Gottes Wesen auch in einer glaubhaften ethisch-moralischen Grundhaltung zum Ausdruck kommt. Dabei bin ich wie viele andere Menschen auf dem Weg, verbunden mit vielen Hindernissen. Auch kann ich mir keinen »geteilten Gott« vorstellen, einen für den Beruf und einen für das Privatleben. Gottes Geschichte mit mir ist die im Beruf und meiner Familie. Manche Menschen, mit denen ich beruflich in näheren persönlichen Kontakt komme, sagen: Eigentlich ist ein solcher Glaube fast beneidenswert. Den wünschte ich mir manchmal auch!

Doch Sie brauchen niemand im stillen ein wenig um seinen Glauben zu beneiden und sich selbst einen solchen Glauben zu wünschen, aber mit dem Beigeschmack, es ja doch nicht zu können. Sie können wirklich ein ganz persönliches, inniges Verhältnis zu Gott von ihm selbst geschenkt bekommen. Er beschenkt Sie gern. Es ist nur Ihr Wagnis der Entscheidung zur Annahme des Geschenkes nötig. Ich habe die Entscheidung, ein Leben mit Gott zu wagen und mich von ihm beschenken zu lassen, nie bereut. Ich habe ein Zuhause, in dem ich mich wohl fühle und wo ich auch meinen Kummer abladen kann. Der Kummer wird wirklich abgenommen und dafür echte innere Herzensfreiheit und -geborgenheit geschenkt. Ein solches Zuhause wünsche ich auch Ihnen.

ANMERKUNGEN

1 Nach einer psychosozialen Modellstudie, in: Bonner Generalanzeiger (GAZ) v. 2.11.1987, S. 28
2 Römer 1,28-31
3 Vergl. Karl Marx, Zur Kritik der Hegelschen Rechtsphilosophie, 1844
4 Werner Heisenberg, Physik und Philosophie, Berlin o.J.
5 Fritjof Capra, Das neue Denken, Bern 1987
6 ebenda, S. 148
7 ebenda, S. 91
8 ebenda, S. 115
9 ebenda, S. 119
10 Elisabeth Kübler-Ross, Reif werden zum Tode, Stuttgart 1986, S. 37
11 ebenda, S. 184
12 dtv Atlas zur Biologie, Bd. 1, München 1975, S. 9
13 Elisabeth Kübler-Ross, ebenda, S. 185
14 ebenda, S. 187
15 ebenda, S. 188
16 ebenda, S. 189
17 nach Mark C. Albrecht, Reinkarnation, Aßlar 1988, S. 21
18 Bruno Vollmert, Das Molekül und das Leben, Reinbek 1985, S. 10f
19 ebenda
20 ebenda S. 69
21 ebenda S. 13
22 ebenda S. 24
23 Myrell/Schmandt/Voigt, Neues Denken – Alte Geister, Niedernhausen/Ts. 1987, S. 158
24 ebenda, S. 159
25 Karl R. Popper, Objektive Erkenntnis – ein evolutionärer Entwurf, Hamburg 1973, S. 283ff
26 Myrell, S. 113
27 ebenda, S. 96f
28 ebenda, S. 151
29 Gert Gerken, Der neue Manager, Freiburg 1986, S. 164 u. 299
30 GAZ v. 23.8.1988, S. 2
31 Bernhard Keil, Ökologie – die Wissenschaft des Neuen Zeitalters?, Aßlar 1988, S. 75ff
32 Robert Muller, Planet der Hoffnung – Wege zur Weltgemeinschaft, München 1986, S. 121ff
33 Guter Überblick in: Will und Ariel Durant, Kulturgeschichte der Menschheit, Köln 1984, 18 Bde
34 Prediger 1,9-10 Bei Zitaten aus der Bibel wurde meist die »Gute Nachricht« in moderner deutscher Sprache benutzt. Nur bei möglichst exakter Übersetzung aus dem hebräischen bzw. griechischen Urtext wurde die »Elberfelder Übersetzung« aus der revidierten Elberfelder Bibel herangezogen.
35 Römer 1,22- 28
36 2. Petrus 3,10; Elberfelder Übersetzung
37 Werner Gitt (Hrsg.), Am Anfang war die Information, Gräfling 1982
38 Hebräer 11,1
39 Hebräer 11,3 (Anm. 69)

[40] Julian Schwinger, Einsteins Erbe. Die Einheit von Raum und Zeit, Heidelberg 1987
[41] ebenda, S. 197
[42] nach Alexander Seibel, Relativitätstheorie und Bibel, Berneck 1983, S. 27
[43] 1. Mose 1
[44] Jakobus 1,17 und Psalm 148,3
[45] Hiob 9,7
[46] Matthäus 24,29
[47] Hebräer 1,10-12 (Anm. 9)
[48] Psalm 139, 7-16 (Anm. 65)
[49] 2. Mose 20,4
[50] Alexander Seibel, S. 17
[51] Julian Schwinger, S. 133f
[52] Alexander Seibel, S. 21
[53] Mose
[54] Offenbarung 21,6
[55] 1. Mose 1,3
[56] Jeremia 1,5
[57] Vergl. Anm. 44
[58] Psalm 24,1
[59] Epheser 4,6
[60] Karl Popper/John Eccles, Das Ich und sein Gehirn, München 1982; Paul Watzlawick, Die Möglichkeit des Andersseins, Bern 1977
[61] Römer 1,28
[62] 1. Korinther 13,12
[63] 1. Mose 2,15
[64] 1. Mose 2,8 (Anm. 20)
[65] 1. Mose 2,16-17
[66] 1. Mose 3,5
[67] 1. Mose 3,6
[68] Vergl. 1. Mose 3,14-19
[69] Friedrich von Schiller, Etwas über die erste Menschengesellschaft nach dem Leitfaden der Mosaischen Urkunde, zitiert nach Gottfried Meskemper, Falsche Propheten unter Dichtern und Denkern, Berneck 1983, S. 94f
[70] 1. Johannes 4,8
[71] 1. Korinther 10,13
[72] 2. Korinther 3,17
[73] Psalm 11,7
[74] Epheser 1,7-8
[75] 1. Korinther 7,15
[76] Jesaja 53,4
[77] Matthäus 25,21
[78] 1. Mose 3,1-5
[79] Galater 5,19- 21
[80] Galater 5,22-23
[81] Galater 5,17- 18
[82] 2. Johannes 7
[83] Kolosser 2,8
[84] Philipper 2,13
[85] GAZ v. 12.12.1987, S. 17
[86] GAZ v. 23.7.1988, S. 17

[87] GAZ v. 7.5.1988, S. 21
[88] Die Welt v. 21.10.1988, S. 26
[89] Bunte v. 13.3.1986, S. 154ff
[90] GAZ v. 23.7.1988, S. 22
[91] Jesaja 14,13-14
[92] Jesaja 14,12
[93] Jesaja 14,12.16-17
[94] Jesaja 14,12
[95] Johannes 12,31
[96] Johannes 8,44
[97] 2. Thessalonicher 2,9
[98] ebenda
[99] Epheser 6,10- 12
[100] 1. Korinther 1,23
[101] 1. Petrus 2,7-8
[102] Lukas 18,19
[103] Johannes 5,30
[104] ebenda
[105] Johannes 8,50
[106] Johannes 8,47-49
[107] Matthäus 22,37-40
[108] 1. Korinther 13,5
[109] Matthäus 20,28
[110] Johannes 3,17
[111] Johannes 3,16
[112] Hebräer 1,3
[113] Johannes 14,11
[114] Johannes 10,17-18
[115] Lukas 23,34
[116] Hebräer 9,14
[117] Hebräer 9,28
[118] Hebräer 10,10
[119] Johannes 19,30
[120] Johannes 16,28
[121] Johannes 14,6
[122] Matthäus 11,28-30
[123] Epheser 5,25
[124] 1. Korinther 2,9
[125] Lukas 1,35
[126] Matthäus 1,18
[127] Johannes 18,36
[128] Johannes 18,37
[129] Johannes 8,56-58
[130] Johannes 5,39
[131] 1. Korinther 15,28
[132] 1. Korinther 1,23
[133] 3. Mose 17,11
[134] Matthäus 26,39
[135] Psalm 22,2 und Matthäus 27,46
[136] Johannes 19,30
[137] Offenbarung 1,17- 18
[138] Matthäus 28,20
[139] 1. Mose 1,26
[140] Johannes 3,3-5
[141] 1. Korinther 15,56
[142] Epheser 5,1
[143] Johannes 16,13- 14
[144] Apostelgeschichte 1,4- 8
[145] Apostelgeschichte 2,2-3
[146] Galater 5,22-23
[147] 1. Korinther 12,8
[148] 1. Korinther 12,9-10
[149] Johannes 15,1- 16
[150] Römer 8,37-38
[151] Galater 3,1
[152] 5. Mose 11,26
[153] Johannes 2,13- 16
[154] Hebräer 4,12
[155] Römer 2,6- 11
[156] Römer 6,23
[157] Lukas 16,19- 31
[158] Hebräer 9,27
[159] Matthäus 5,44- 45
[160] Philipper 2,13
[161] Römer 6,23
[162] Matthäus 6,9
[163] Matthäus 6,10
[164] Lukas 18,17